Yuma

Osvaldo Cleger
Yuma

bokeh

© Osvaldo Cleger, 2026

© Fotografía de cubierta: W Pérez Cino, 2026

© Bokeh, 2026

   Gainesville, FL
   www.bokehpress.com

ISBN 978-1-966932-16-1

Bokeh es un sello editorial asociado a Almenara Press

Todos los derechos reservados. Cualquier forma de reproducción, distribución, comunicación pública o transformación de esta obra sólo puede ser realizada con la autorización de sus titulares, salvo excepción prevista por la ley.

I. Cruces

Three Crosses 13
la havana 15
puertos, galeones 17
Penachos del lunes 19
Mnemósine en el musgo . . .20
La Coca Cola del Olvido . . .21
Discurso de la Nostalgia . . .23
Zen imposible 28

II. Discurso del árbol

El discurso del árbol, I
(Bajo un nogal) 33
Un poco a la manera de
Georgia O'Keeffe 35
Hatch
(Corrido novomexicano) . . .40
T.A. 43
El discurso del árbol, II
(Bajo un almendro) 45
Ahora entran las moscas
(Havana, 1995) 47
Glosas a la carretera
(A road poem) 50
Ghost Town / Ruta 10 /
Kilómetro 149 52

III. La Gran Sequía

Diario inconcluso de la Gran
Sequía (Fragmento 4) 59
Velas, rezos, vitrales 61
Catálogo de las frutas
(Pastiche novoindiano) . . .62
Cruces III 66
Dunas hacia Occidente . . .68
Diario inconcluso de la Gran
Sequía (Fragmento 33:
Lunes muy florido) 70

IV. Desertares

El discurso del árbol, iii
(Olmos) 75
Hot Tub 77
Me agacho en el zaguán . . .78
Dejar que el día 79
El discurso del árbol, IV
(Saguaros) 80
Ángeles en el desierto . . .82
pan de paris 85
El discurso del árbol, v
(Ginkgo Biloba) 87
Crosses, IV 89
Diario inconcluso de la Gran
Sequía (Fragmento 57:
Un Dios Taíno) 91
Discurso del árbol (coda) . . .93
Las Cruces 96

I. Crosses

Tres Cruces 103
La Habana 105
Ports, galleons... 107
Monday plumes 109
Mnemosyne in the moss . . 110
The Coca Cola of Forgetting 112
Discourse of Nostalgia . . . 114
Impossible Zen 120

II. Discourse of the Tree

The Discourse of the Tree, I
(Beneath a walnut tree) . . 125
Somewhat in the Manner
of Georgia O'Keeffe 127
Hatch (New Mexican corrido) 132
T.A.. 135
The Discourse of the Tree, ii
(Beneath an almond tree) . . 138
Enter the Flies
(Atlanta, 2025) 140
Glosses to the Road
(A road poem) 143
Ghost Town / i-10 / Mile 93 . 145

III. The Great Drought

Unfinished Diary of the Great
Drought (Fragment 4) . . . 151

Candles, Prayers, Stained Glass 153
Catalog of Fruits
(Neo Indo Pastiche) 154
Crosses, III 158
Dunes Toward the West . . 160
Unfinished Journal of the
Great Drought (Fragment 33:
A very florid Monday) . . . 162

IV. Desertions

The Discourse of the Tree, III
(Elms) 167
Hot Tub 169
I crouch in the entryway . . 171
Let the day 173
The Discourse of the Tree, IV
(Saguaros) 174
Angels in the Desert 176
pan de paris 180
The Discourse of the Tree, V
(Ginkgo Biloba) 182
Cruces, IV 184
Unfinished Journal of the
Great Drought (Fragment
57: A Taíno God) 186
The Discourse of the Tree
(Coda) 188
Las Cruces 191

A mi madre, in memoriam

A los veintiocho años deserté. Me largué al desierto. Aquí, *mis desertares...*

O.C.

I.
Cruces

Three Crosses

Hoy la he visto nuevamente
la Ciudad del Desierto

como el cayado de Moisés
arde en la intemperie de la noche

mientras por la Interestatal
los automóviles
ligeros y voraces
se avecinan
como coyotes sin destino.

La jornada
la traza y la mueve una nube de polvo
      y vapor
la iluminación urbana es un reguero de nervios
un gigantesco tiovivo de bruces contra la noche.

En mi ciudad   la otra
la luz la dicta un cíclope de ojo
voraz / atroz ojo
de cíclope
envuelto en ascuas
como las barbas en llamas de un profeta.

Tres vueltas al timón y llegar
a otro sitio
y sentir que alguien trafica con las ciudades
de tu hemisferio
cerebral   que no figura
en el mapa de dios alguno;

tres vueltas al timón
y llegar a otra parte...
tres estrellas   tres cruces
un público muy atento.

LA HAVANA

Era un pincel
en manos
de un escolar muy revoltoso

a puro capricho removiendo
pueblos
barriadas —más al Sur
más al Norte—
en el mapa raído de una memoria

mudando oficios de lugar
trastocando citas y fechas memorables

hundiéndonos en el placer
de la noche
y el paseo.

Mi padre a veces fumaba
a la hora en que el café residencial se instalaba en todas
    las tarimas
y el humo unánime ascendía a confundirse con las brumas
del Cementerio de Colón
centro votivo
de la ciudad secreta.

Pues la havana
era ciertos jueves

un niño muy travieso
　　que reía
y despertaba
con bruscos gestos
las materias.

Los pompeyanos la habrían celebrado en un mosaico:
un puerto una linterna
una noche pintada
en dijes de azul prusia
　　　　tres barcas soñolientas
　　　　　　　escalonadas hacia el Norte.

PUERTOS, GALEONES

Mirar
por un tragaluz o una ventana
a mi madre planchándome al colegio;

ir de su mano tirando de una cinta
larga y delgada
como las serpentinas del primer carnaval
o la hilera de taxis desenroscándose
de las faldas del Capitolio.

Hundir   raer   mirar
tras la neblina
—y la emoción latiendo en nuestro pecho
con la simplicidad de una medalla

volteada a cara o cruz
a pez o luna
a luz o espadas—

para de bruces caer sobre el troje
más aciago de una cosecha
con las manos cóncavas que despiden palomas
adioses   bendiciones   pérgolas de fuego...

hasta mirar a mi madre gemir
escarrancharse
como en el tragaluz de un unicornio.

Penachos del lunes

Penachos del lunes
en el fuego de una espera

pálido temor danzante en las paredes del interior
prensando las ubres deshidratadas del espíritu

gota de leche que a pezón risueña asoma
como a colmar la sed de bocas imposibles
paseos matutinos en la vastedad de una sonrisa
y todo parece un abrir de par en par las cosas;

revolviendo en los ceniceros los cabos de la tarde que no acaba
de cierta vez cuando tus manos se movieron por la penumbra
y hubo un revoloteo de pájaros contra los ventanales.

Penachos del tiempo
como un borrón sobre un dibujo
como una tachadura sobre una palabra rota;
es el desconcierto que tiende su rostro
sobre la promesa
que nunca me hiciste
pero que todavía flamea
sobre el dintel de este baldío.

Mnemósine en el musgo

Madre
siega la densidad
del pensamiento

que al ruedo de tus hoces caigan palomas
valles   surcos de espigas
 sobre mi rostro;

destierra a la palabra
del sueño del sentido
Madre
destierra a las figuras de la palabra;

que el gato que lame sus pupilas no se confunda
con el gamo que se cruza de bigotes sobre la arena;

Mnemósine en el musgo, acalla
siega la luz de un pensamiento.

A tus labriegos veo descender cabizbajos
llevan la hoz   el salmo
y en el pecho una cifra de rodar palpitante...

Mnemósine en el musgo, Madre, acalla, siega la voz de un
    pensamiento...

La Coca Cola del Olvido

> No te tomes la Coca-Cola del olvido.
> Dicho habanero

Según algunos
mala magia
alquimia
de una havana medieval
hundida en su tonel
de miserias y supersticiones;

según otros
la receta de amor
que cierta bruja —quizás
aquella falsa
Condesa de Las Reuniones—
se ingenió para salvar
de los celos de la Inquisición
y su brazo de hierro.

Para olvidar amores
y pasados
la Coca Cola del Olvido

mezclada con ajenjo
cómo cura

y cómo alivia y refresca
en su versión dietética.
Tomada a breves sorbos
por la tarde
como un trago
de alcohol
como un viejo bolero.

Discurso de la Nostalgia

No soy el desterrado
de mirada perdida sobre la estela viciosa del mar
o el verbo como un vacío
despeinando las cabezas de una multitud
abanderada de inocentes.

Ya no me reconozco en estos daguerrotipos ajados de mi
　　　historia
indescifrables a pesar de los apremios y el arte
que indiscutiblemente han desplegado
los más hábiles restauradores de la comarca
con iluminación de hombres sedientos en los sótanos.

Me miro y no me reconozco
en esos señores coloniales de patillas forzadas
y bigotes puntiagudos como sus zapatos,
sus sombreros o su virilidad almacenada
—y gracias a cierto prodigio arqueológico del siglo—
salvada a la posteridad en el interior de una botella.

Ya no sé de qué modo desdoblarme en sus retratos
y recuerdo más bien la Comedia Silente,
aquellos guiones del cine mudo de mi infancia,
al gordito bobo pateándoles el trasero

mientras la muchedumbre sobreexcitada se tira tomates
    al rostro
quillas de torta, cáscaras de plátano,
piedras, sombreros, puños, helados de vainilla.

Sitiado en el centro de tanta confusión ya no me reconozco.
No poseo una fe que no haya visto colgando de un mural
    con tachuelas.
No desperté mis oraciones en la oscura cantina de tus sueños
donde un bufón de cuernos deshojadores y piel de cabra
de pie en un taburete promulgaba los beneficios inacaba-
    bles de la fiesta

enivrez-vous   enivrez-vous sans cesse
de vin, de poésie ou de vertu, à votre guise

bajo el dintel de la entrada quise conservar mi perspectiva
    de la escena
y no pude estar en los reservados donde algunos
empinaban la traslúcida espiral del opio.
Ni compartí con los contemporáneos de Casal
aquella modernista adoración por el mármol
—en estatuas, sarcófagos, en habaneras urnas—
el mármol gélido y rociado con la sangre fresca,
apenas derramada de algún héroe.

Por cierto, debiera declarar que no vi a los héroes en el
    último desfile
—si bien me han dado noticias de que allí estaban—

y a pesar de que he proyectado más de mil veces mis grabaciones del evento
y la imagen era nítida, en suma, y sin interferencias.

¿Qué podría argüir a mi favor?

Tras un siniestro debí quedar inhabilitado
para la admiración de tales pases de magia.
Y aunque guardo memoria que bendije tres veces la catástrofe
que me procuró esta amnesia sideral,
esta cautelosa ceguera,
esta visión de pájaros y naves ardiendo en la otra orilla,
sin acompañamientos de himnos ni rutinas preprogramadas,
sé que cuando vuelvas a cruzar las manos sobre un deseo
los dioses no acudirán a socorrerte
ni hurtarán tu propela de la desgarradura en el peñasco...

—una tabla, una tapa de baúl, unas monedas, un manchón de sardinas,
medio cuerpo flotando, una aleta de pargo descompuesta,
un helicóptero que toma algunas instantáneas desde la altura—

☙

(...*y mi corazón se melló, mi sangre se coaguló*)
cuando no estuve en los balcones donde las muchedumbres vitoreaban

a aquellos invencibles escuadrones de enero
(mi párpado se cerró y mi virilidad se adocenó)
sobre los techos, júbilo, banderas
y decenas de tamborileros que se congregaban para desfilar
tras el empuje indetenible de los palafrenes
(y mi pecho flaqueó, mi verbo de luz ya no flameó)
cuatrocientos soldados cayeron heridos, cuatrocientas
    historias de valor,
cuatrocientas madres calentando el cadáver de un héroe

(y mi voz se apagó y mi pupila insomne se cerró)
en un entreacto la brigada de aviación hacía maniobras
    en el aire
dibujaba consignas de humo sobre las nubes
enaltecía los corazones
(y mi pecho cedió y mi brazo de bronce se quebró)
a la noche,
inclinaban una balanza de pensamientos e imágenes
para que encontrara refugio en los sueños de un niño.
(y mi corazón se escarchó y mi pupila insomne se cerró)

—Madre, te lo imploro, conéctame por un catéter con la
    sangre
vertida de mis ancestros
o explícame por qué mi novia
no se llamaba Amalia ni tenía
breves bucles morenos que peinar bajo un quitasol
en el quitrín familiar de los domingos,

ni era mi padre el que posaba
con las manos nerviosas tras la levita
en frente de un cañaveral oliendo a negro.

sitiado en el centro...
ya no me reconozco...
no poseo una fe que no haya visto...
I grow old I grow old...
I shall wear the bottoms of my trousers rolled.
Shall I part my hair behind?
qué podría argüir...
sin batir de banderas...
sin acompañamiento de himnos...

Frères humains qui après nous vivez
N'ayez les cœurs contre nous endurcis
me miro y no me reconozco
y ya no sé de qué modo desdoblarme...
Vous nous voyez ci attachés cinq six
inhabilitado para la admiración...
esta cautelosa ceguera...
Enivrez-vous enivrez-vous sans cesse
de vin de poésie
bajo el dintel... madre te lo imploro...

no soy el desterrado.

Zen imposible

Telegramas a Júpiter
y desde Orión
triangulan la irrealidad
de esta noche.

Abajo, en el valle
la ciudad sigue ardiendo;

sus flancos de alquitrán
rociados perennemente
por las bujías.

Trafica en sus calles
bienes que no le pertenecen:

tu ilusión y la sonrisa de la joven
la gabardina a la salida del cine
y la orden de big mac...

Entre el fluir y la parálisis
las llantas construyen una ilusión
de existir muy a propósito
que aceptas tal cual
a falta de evidencias más sumisas.

Las cabriolas del tiempo
proseguirán por algunas escenas

hasta que la vista se cansa de existir
y nuevas fantasmagorías nos inundan.

II.
Discurso del árbol

El discurso del árbol, I
(Bajo un nogal)

A los Buehlers

Sobre la inundación del riego están las nueces. El perro labrador, en el traspatio, lanza un ladrido y de inmediato calla. Hace un círculo en la tierra. Escarba un poco. Se arremolina... Caza una mosca, gruñe... Al rato se sosiega. Y con el mentón apoyado en las patas cruzadas, contempla a su dueño arremangarse los bajos del pantalón y hundirlos en el agua.

El cerco de girasoles, al fondo, intenta sellar una escena que no obstante se prolonga en la silueta de los montes difuminándose sobre la nada. El horizonte se ve turbado a cada instante por una nube de insectos o la parábola ebria de algún pájaro. Y el peso de la grulla, al caer, regula el sueño en los párpados del labrador echado junto a la laguna.

Es el atardecer; a la hora en que las casas y poblados nos ofrecen su perfil más nítido. Un ruido de cubiertos y manteles desplegados hacia el interior anuncia que la familia se ha reunido en torno a la mesa y festeja las solemnes mitigaciones del día. Y aquella sombra breve, fugaz tras los póstigos es sin dudas el gato; el cauteloso gato que has creído ver mientras se fuga de su sitio junto al sofá hacia el blando plumón de una recámara.

Frente al porche, una avenida divide la llanura y se incrusta como daga por entre dos laderas. Cruzas los ojos y al volverlos, una capa muy fina de nieve viste ya los pastizales y corona en brevedad los ramos de mesquite y la gobernadora. Una estación concluye. Otra aún no comienza. Cuando trafiques tu sitio nuevamente todas las perspectivas posibles se precipitarán hacia algún punto, no previsible, del otro lado del horizonte. Tras la verja un bostezo, un último saludo. Debe ser el final.

Alguien avanza.

Un poco a la manera de Georgia O'Keeffe

I.
Está el desierto ante mi como una página
dócil a mis caprichos
la escritura

con sus reliquias construyo
un alfabeto
cuyos caracteres desdibujados
turbios son:
este esqueleto de vaca
esos ijares
de búfalo o de buey
esa quijada
que en una mueca
inconfundible nos dice
las mondas sinceridades
del desierto.

Caminar   divagar   recoger piedras
no sentirse en sí mismos y ser parte en la página
magistral memorable (y aún
nunca empezado) proyecto
de escritura

que distraído sopla
el desierto
sobre el torso de la arena

no detener el sueño en oquedades
rumbos
sólo el desierto como un beneficio
social   una reforma
que el estado promete

como quién dice *luego* y
proyecta una estafa
un despilfarro
un verso
ni borrado ni escrito

sobre esta página incomprensible que el desierto publica.

II.

Cuerpos   caballos
salidos de la nada;
una nube de polvo
los delata;

salidos de la nada
van adónde;
sólo cuerpos caballos
y una nube de polvo.

Camino Real —al borde
veo cuerpos   caballos,
golpes de casco iniciando
una parábola;

un caos mineral
un suspiro de piedra
una franja amarilla
y otro golpe

de fuelles que levanta
una explosión de rocas,
un caos mineral
junto a las zanjas;

castiga la cintura deforme
de los nopales,
sólo cuerpos caballos
salidos de la nada;

salidos de la nada
van adónde,
una nube de rocas
otro ruedo de cascos,

como si todo fuera
eternizar el ciclo
cambiante de la piedra
y del caballo

o como si vinieran
—una nube de polvo—
a despertar la llanura
de un infarto.

III.

Terrón: tierra absoluta,
pezón acuchillado de una madre;

eres la flor   el fruto
el sexo áspero de la tierra;

no te confundas con la majestad ígnea
de la piedra-roca

ni con un filo de lajas cortantes
en el fondo del río;

eras la pesadilla,
la verruga en el rostro
del viejo lobo de los mares
(fijada entre su nariz y el catalejo)

terrón   grano
del hombre

y que todos los mandamientos adocenados
en los jardines de la historia
hagan de ti el horror de esmaltadas decadencias;

eras el sexo   la flor   el canto   el fruto
la belleza áspera
de la tierra.

Hatch
(Corrido novomexicano)

A Hatch a Hatch
van las hormigas

en el aventón de la brisa
en la melena de los tornados

a Hatch a Hatch
van las hormigas

enroscadas en la serpiente
enredadas en tu paso

a Hatch a Hatch
van las hormigas

por el desfiladero de los magueyes
y la espina de los cactus

a Hatch a Hatch
van las hormigas

y los perritos de las praderas
las acompañan por tramos

a Hatch a Hatch
van las hormigas

cruzan el río de la Dolorosa
y el espinazo del diablo

a Hatch a Hatch
van las hormigas

y a mitad de la Jornada avistan
el tráiler de los desamparos

a Hatch a Hatch
van las hormigas

con pericia de ranchero
y aprehensiones de indocumentado

a Hatch a Hatch
van las hormigas

no las distrae de su faena
el aroma de los poblados

a Hatch a Hatch
van las hormigas

ni las invitaciones del malvavisco
o el peyote de los labios

a Hatch a Hatch
van las hormigas

por el camino de Oñate
ruedan porvenir abajo

a Hatch a Hatch van las hormigas

en el aventón de la brisa
en la melena de los tornados.

T.A.

Has venido a dar tu clase de gramática,
a extender las nociones y el azoro,
a comentar *los mares*
que van al sur
los griegos
y una glosa en el margen de un discurso
de Séneca que cándida
se ofrece a saciarte la franca vanidad
de hombre público;
has venido a revolver el polvo
unos papeles,
a distraerles por unas horas.

Has venido a grabar
   un jeroglífico en el vacío
   —un decursar un alfabeto—
   a inventar otra era;
a fingirte el astrólogo y en el fondo
saberte el eterno
bufón que les embiste
con una esgrima absurda de gestos
de sonidos procaces y en un final
incomprensibles.

Has venido a curar
tu agorafobia
a alimentar alguna ojeriza
no confesada contra el silencio,
contra la paz —este edén
occidental— la calma felizmente
reclinada de los días.

Has venido a librar la guerra, un terremoto,
a cobrarle bien cara su novatada al mundo,
a exorcizar unas nociones,
unas imágenes que te martillan
—un par de ideas piadosas que naufragaron en tu cerebro—
y no te dejan dormir
y te dan reuma.

Has venido
—seamos honestos—
porque nadie esperaba
por ti
en otro sitio;
porque fingías
no enamorarte esta vez de tus alumnas
y cultivabas en cambio
un desdén estratégico
una indiferencia exponencial
y alguna dosis de buen sentido docente

que ni la cal ni las paredes te creyeron.

El discurso del árbol, II
(Bajo un almendro)

Juegan los niños a las canicas en la intemperie del solar. Hacia el fondo la madre está tendiendo las sábanas.

Enceguecida por un resplandor que desde el poniente la hiere, y no la deja continuar con sus labores, la mujer se inclina a recoger el balde de agua. Al hacerlo, un destello de luz la enviste desde la superficie del espejo, y la obliga a anteponer su brazo de escudo. Las sábanas son combadas al unísono por un golpe de aire, que hace vibrar las tendederas y provoca una tensión de arpas y velas en la distancia. Distraída, sus ojos ahora recorren la perspectiva de techumbres desvencijadas que se escalonan hacia el sur como un escuadrón armado de la pobreza. Desde los gajos desparramados de unos mangos cae a tierra una viruta imperceptible.

Paz de lavanda. Será turbada súbito... cuando una algarabía in crescendo la sobrecoja, obligándola a escrutar las sombras que se agitan hacia el fondo, en la dirección del solar.

Bajo el almendro, los niños. Sus manos montaraces como arañas se escurren veloces sobre la superficie húmeda del barro. Trazan cabriolas, *calembours*, paréntesis, y otros arremolinamientos del cuerpo y su gramática.

Unos manchones de claridad descubren oquedades entre las ramas del árbol.

La madre entonces percibe que ese tumulto de voces, que escuchado atentamente resultaba ensordecedor, intolerable, había estado ahí, no obstante, desde el inicio de sus faenas; rumor sordo, lejano, imperceptible; como si se tratara de una armonía original, un cántico, o una forma del mutismo musical de la tarde. Entonces la mujer se cruzará de hombros y musitará entre labios —desde la acera algún transeúnte podrá verlo— un arabesco de palabras aguadas como en un responso.

Las sábanas todas del vecindario, en un juego de espejos, multiplican a esta hora la luz escasa, levantando un último bastión de resistencia áurea contra la noche.

Hasta que las últimas empalizadas son derruidas y las mujeres embarazadas son pasadas a cuchillo por el verdugo de impenetrables silencios...

Y la ciudad enciende el vientre como una libélula exótica y no registrada en los catálogos.

En un balcón, una cabellera bajo el peine asoma a saludar las primeras brisas acariciadas del crepúsculo. El frescazo batiente del cabello será un dulce insulto salpicado sobre el rostro de los que pasan.

Ahora entran las moscas
(Havana, 1995)

Entran las moscas
en espirales,
huellan, penetran,
se adentran, abren...
abren arriba
y abajo abren.
Entran las moscas
en espirales.

Alguien las mira,
moscas letales,
herir la sombra
y hervir la sangre
cuando se posan
en las verdades.
Alguien las mira,
nadie las nombra...
las verdinegras
moscas letales.

Son reverentes
frente a las jambas
y los dinteles

de los sitiales,
por eso están
en las ceremonias,
en las ofrendas
de cada instante.

Entran las moscas,
huellan, penetran,
abren, rodean,
embisten, caen...
El aire adora
sus incisiones:
sus formaciones
en espirales.

Entran las moscas,
grave cortejo:
los moscardones
siempre delante
lucen la pompa
de sus reflejos,
el verdinegro
quemando el aire.

Entran las moscas,
hienden, penetran
como la fiebre
de huracanes.

Nadie las nombra.
Nadie las mira.
Las verdinegras
moscas letales
van y se tienden
sobre la sombra
como la felpa
de un cortinaje.

Glosas a la carretera
(A road poem)

Para que escribas esta página,
esta combinación de enlaces y sonidos,
de silencios agudos y palabras procaces
que por casi un milagro abortarán tus manos
se extiende el paisaje sobre la ventana de tu auto,
ya estático ya móvil
ya lento o parpadeante
como una muchacha de pestañas nerviosas;
el paisaje que casi se le puede acariciar en estas tardes
que recorren la vena del suroeste americano.

Todo es súbito o yerto
todo es risueño o desvaído según presiones
a tu antojo el fuelle del acelerador,
sin olvidar el frescazo de la tarde que nubla
tus sensaciones y te habilita
para las novedades de lo ya cotidiano:
pájaros   girasoles   ojos de sierpe ardiendo
desde las honduras de un risco,
sonrisas traficadas con otro auto;
bajas la ventanilla y el pulmón
inflamado rejuvenece
aspirando de flores de vidas poco exigentes,

nopales de caderas quebradas con un movimiento del torso
saguaros de músculos tensos como atletas   arbustos
cuyos nombres alguien que no eres tú pronuncia
desde una lejanía cóncava del espacio y la brisa.

Alisas una franja de cabellos y miras en el retrovisor
las lentitudes difuminarse
cuando una nueva nube de velocidad te arrebata.

Ghost Town / Ruta 10 / Kilómetro 149

A Jesús Barquet

Vinieron porque había oro. Al menos eso les había dicho *El Tapao* a su paso por La Cañada. Y aquella voz había sonado a promesa; a confesión escapada entre dos pausas de whisky, chistada —con rancia saliva— por la separación de sus dos dientes: «Allí hay oro; busquen bajo las piedras».

Fue dicho a media voz; y escuchado, posiblemente, a media barra; mas un desliz bastó para encender los ánimos. «Allí hay oro. Caven».

La voz circunvaló la aldea a lomo de pájaro. Un colibrí dibujó una espiral en los barrotes de todas las ventanas. Y dos días después, en cada portal había un hombre armado de picas hasta los dientes.

En un inicio llegaron sólo tres o cuatro, los tres o cuatro intrépidos comúnmente favorecidos por la costumbre: el precursor, el prófugo, el herrero. Apoderados por los ritos dictados para la ocasión y juramentados con cicatrices en una hermandad inquebrantable, interpretaron los signos: bebieron del agua de la corriente en la sinuosidad del vado, se internaron entre dos senos de sierra, descendieron adonde el águila ponía sus huevos. Cavaron. Y había oro. Un filón tenue y delgado como un adolescente infestado de malaria.

Pero era oro.

Con emoción contenida, el futuro alcalde del pueblo minero de Peñón Bautista trazó a cordel la que pocas horas más tarde todos conocían como Main Street. La primera fundidora se alzó a un extremo de la calle. Y la primera línea ferroviaria llegó chirriando un ragtime de modernidad sobre los rieles, a pocas semanas de haberse iniciado las faenas en la mina.

De la locomotora fueron descendiendo pausadamente las siluetas que todos habían anticipado. El boticario, quien aportó una dote de veintidós gallinas y sus tres hijas solteras. El barbero, que llegó para legislar sobre los cabellos y a convertirse en el redactor oficial de la prensa amarilla. En su abultado equipaje, Benjamin Taylor arrastró las Colts, Remingtons y Derringers que una semana más tarde relumbraban en las paredes de su célebre armería. A un costado de Main, el inevitable Saloon abrió sus puertas. Y con él se inauguró también la interminable peregrinación de aventureros, comerciantes, y jugadores de póker que no dejaban descansar las jambas batientes en las entradas de los comercios, constantemente rociadas por el resoplido de los caballos.

Mujeres de cejas altas y escotes bajos salían cada tarde a pasearse bajo las pérgolas de la plazoleta central o reían estrepitosamente, reclinadas tras las apuestas y engaños de la baraja.

En torno a Main Street, la vida creció como si se la capturara en una secuencia de *time-lapse*. Lunas que ascendían y soles que se ponían de mal grado. Vagones transportando perennemente las menas de oro por la cresta de una montaña. Una iglesia que alzó su cruz sobre las techumbres de todas las casas vecinas. Bautizos, misas, aniversarios, bodas diversas. Nuevos negocios que abrían sus puertas —un retratista, un cervecero, un flebotomiano— y las cerraban pocos meses más tarde para remodelar o mudarse a un local más espacioso.

Las menas de oro de Peñón Bautista extendieron su fama rápidamente entre todos los pueblos mineros de la región; despertando admiración y envidia entre inversores de cuello blanco y labriegos de manos llagadas. De todas partes venían a tratar de asegurarse una tajada del pastel.

Cuando comenzaron a correr los rumores de que el oro ya se agotaba, un pico se quebró contra un filón de plata, y las hijas del joyero respiraron aliviadas, mientras engarzaban una amatista sobre el dedo anular de un parroquiano.

El ciclo de la plata todavía alcanzó a cubrir las hipotecas de los próximos cinco inviernos. Pero el ciclo del estaño duraría aún menos y se ahogaría, finalmente, bajo una mancha viscosa de petróleo. Cuando al joyero rebasó el herrero en rango, nuevamente, quedó claro que la suerte de Peñón Bautista estaba echada.

El alcalde, el joyero y los inversionistas de la Union Mining Co. fueron los primeros en largarse. La fundidora detuvo sus labores. Los letreros de «vacancy» se multiplicaron a lo largo de Main Street. El humo de la locomotora se hizo tan infrecuente como el de las fábricas. Y sobre las mesas del Saloon, el póker quedó pronto remplazado por el solitario.

Una tarde de abril, el dentista extrajo su última muela y dejó sus utensilios rústicos alineados sobre una mesa, antes de cerrar la puerta detrás suyo. Varias décadas más tarde, los visitantes ocasionales todavía podrían admirar la raíz sanguinolenta atrapada entre unas pinzas cubiertas de óxido. El boticario vació sus envases de hierbas, mas olvidó desalojar la multitud de aromas que todavía hoy se confunde entre los frascos y recipientes bien rotulados de la estantería.

Los paredones de mesquite cubrieron el acceso a numerosas casas y comercios desfigurando las sombras de su pasado de glorias —o invitando a la imaginación a poblarlo con cantos y orgías a su capricho.

Avanzando un poco más, hasta ganar el otro extremo de Main Street, los cielos parecían desafiar con su actitud los rieles de puntas alzadas, como maldiciones o puñetazos contra la noche.

III.
La Gran Sequía

Diario inconcluso de la Gran Sequía
(Fragmento 4)

Nadie recuerda cuándo
comenzó
la Gran Sequía

solo se sabe que
una mañana había llegado para quedarse.

Se instaló en el ramaje
desprevenido de los cipreses
esbeltos
guardianes de la casa;

se esparramó en el lomo
agrietado de las bestias
y en la madera de los establos;

anidó en las paredes, en la sed
de las estufas,
en la tos
de los grifos;

bautizó los sembrados bajo la lengua
de los incendios,

sobre las piedras del camino
hizo grabar una imagen...

(fue así como antes de que los moradores
advirtieran su llegada, la Gran Sequía había tomado
posesión de todo):

los archivos de hojas,
la lengua abrasiva de los perros,
el alarido gangoso
del coyote.

(Un ruego sordo y una demencia
leve se habrían quedado para contarla
de no haber perecido ellos también
víctimas de otra catástrofe).

Velas, rezos, vitrales

Llama predicadora,
embajadora de una pena,
cabizbaja o erguida en los altares
lentos de la penumbra.

Llama de doce fuegos
y de tres corazones;
mi corazón despierto que te sueña,
mi corazón dormido que te alumbra.

Llama que vi en los ojos de mi madre,
parpadeando en la carne del madero,
navegando la cresta del rocío,
mordiéndole los flecos a la noche.

Llama elocuente pero sin sonidos.
Llama sonora pero sin lamentos.

Catálogo de las frutas
(Pastiche novoindiano)

> En actitud erguida se levanta
> La airosa piña de esplendor vestida
>
> > Manuel de Zequeira y Arango,
> > *Oda a la piña*
>
> Amable más que el guindo
> y que el árbol precioso de la uva
> es acá el *tamarindo*
>
> > Manuel Justo de Rubalcava,
> > *Las frutas de Cuba*

I.

Fruta de nombres raros y prohibidos
como la savia indígena que aloja
y que miela en la espina, no en la hoja:
cántico agreste al dulce inmerecido.

Flor de la Yuca de Mojave, hendido
sobre un risco tu tallo se sonroja,
expuesto al fuego y a la sal que arroja
sobre tu fruto el aire envilecido.

Fuelle de aromas que el sentido alerta
de un *roadrunner* rastrea entre manchones
de arbustos ermitaños y nopales.

Fresa del cactus que un furor despierta
en las entrañas lúgubres de halcones...
Bultos de piedra en poses vestigiales.

II.

La Reina de la Noche esponja el riego
que transportan los poros de la brisa;
a la palmera el dátil la cornisa
bajo la noche sideral de fuego.

El fruto del saguaro cae luego
a tierra y la red trófica aprisa
va a dar cuenta del néctar que desliza
sobre la carne vegetal. Del ciego

espinazo que la luz corona
se alzan pitayos dulces y biznagas,
de sueño turbio y pulso taciturno;

perfilan el paisaje de la zona
como un pulgar horrendo, como dagas
clavadas en el hígado nocturno.

III.

Llevaron a prensar la jiotilla
que la mano espinó al tocar el tallo;
un gravamen de sangre manchó el sayo
del cuerpo que llagado se arrodilla.

Néctar y pulpa que la mano orilla
y hacia el fogón arrima de soslayo;
razón que explica la aventura al tallo
hierve paciente sobre roja hornilla.

Al final, en la mesa la derrama
sobre lonjas de pan o queso fresco;
o en envases de vidrio la comprime.

La mujer de Oaxaca así suprime
la pulpa ardiendo en dulces arabescos,
los cantos del dulzor sobre la llama.

IV.

> Una tuna es una tuna es una tuna
> Refrán Mojave

Tunas satelitales
de dedos que Dios amorata
con un apretón franco de manos,

bajo la banda dorada del mediodía
un acordeón de pájaros se precipita sobre vuestro fruto.

Agujereadas por la Gula y la Lujuria,
por el hambre y la soledad del pueblo indígena;

Tunas satelitales,
fruto mentido del Edén,
encabalgado sobre un
      nopal de
           caderas
deformes
con una cascabel
que se enrolla a tu frente como una tiara.

Ausentes en la cornucopia de los dioses
que te nombraron en mi lengua
te recupero en la lengua de dioses antiguos
cuyos restos remuevo bajo un montículo de cenizas.

Tunas satelitales
(*Pera espinada* te apodaron para confundirte
los de la tribu invasora
del otro lado de la frontera);
sonríes ante la mirada extraviada de los viajeros
que te pasan por alto
como a un espejismo
mientras castigas la carne
con una contracción esporádica
de tus enojos.

Cruces III

Hoy la he visto nuevamente,
palpita ondea —como una bandera de fuego—
sobre los descalabros de la noche;

medrando en los vicios de tu imaginación,
manteniéndote en vilo toda la madrugada,

forzándote a reformular las cosas
o a resucitar nombres herrumbrados
por la imprudencia o la costumbre.

Cockaigne   Paitití   Aztlan   Merópida

regiones que en la corteza cerebral
inscriben una promesa,
un tatuaje hecho de nervios y sensaciones involuntarias
que invaden los páramos de la materia gris
y te obligan a considerar perspectivas que no habías previsto
mientras andabas distraído,
como preguntarte por las medidas exactas de tu cuerpo
o investigar una razón que explique
el que la esfera celestial encaje
con exactitud tan elocuente
en la curvatura de tus axilas...

Cockaigne   Paitití   Aztlan...

Ciudades banderas que las vastedades baldías
del espíritu rotulan a su antojo,
dejando una huella de salvación
que no comprendes a cabalidad
pero que no podrás dejar de evocar
con cada nueva jornada que se avecina.

Dunas hacia Occidente

Callar
cavar en el silencio
de mi corazón
la oración perfecta
con una mirada que no sabe adónde mira
el paisaje siempre visto pero nunca encontrado;

difuminados de repente en una ceguera incomprensible
mientras buscas en la arena de mi ser
las pisadas que descubran un camino;

callar
ver las distancias del paisaje,

tejer un silencio palpar sus fibras
en los arpegios de una guitarra;

tallar hondo en la arena de mi corazón
con las partículas minerales de la lengua
—las sílabas sediciosas de la saliva—
ardientes   quemando   creando
no una Noche ni una Selva
sino una Ciudad Oscura,
una enfermedad minúscula del alma

que busca en su desasosiego
en los montículos nevados del ser...

perdidos en un hondón de ti mismo,
sin mar en las distancias, sin veleros de proa
regalada hacia un horizonte de dicha;

sin mar   sin dicha   sin veleros
en la sal caducada del ser,
en la sustancia claroscura de la inconciencia,
deshabitado, desmerecido
derramando lágrimas en la costura de mis fibras cabales
con una torcedura a mi desencanto habitual...

mientras espero Amado que ya no vengas
que te ausentes del Aquí,
interpretando las notas de tu eterno arribo
en una pisada que hiende estas arenas.

Diario inconcluso de la Gran Sequía
(Fragmento 33: Lunes muy florido)

...en las tardes peores
una hoja desprendida
verde en el aire
era yesca antes de tocar el suelo;

las hormigas combustionaban
al menor roce de sus cuerpos
sobre la arena;
las alas de los insectos se incendiaban
al ser abrasadas por el aliento cargado del Sudeste;

las vacas eran barridas a lo largo del terraplén
que sus pieles emparchaban generando un diseño suma-
    mente impreciso;
los cascos de los caballos se hundían y quedaban cimen-
    tados
en las grietas de la tierra irremovible
—sus ancas finalmente vencidas golpeaban el suelo
y levantaban una nube de polvo
petrificada en fósiles al pasar de los siglos—

y ardía la baba en la lengua de los perros
semejante a la eyaculación de un presidiario.

Pecaríes de ojos en ascuas
como toros escapados del vientre de Lucifer
atravesaban los círculos concéntricos de la región baldía,
aplastando las sombras carbonizadas
bajo sus pezuñas;

en otra esquina de la estación estival
Aracné descendía por el hilo de una congoja
a saludar al visitante que se aventuraba por el laberinto de
    su ser industrioso...
su ciudad quedaba derruida de un zarpazo
mientras el felino se limpiaba los bigotes
tras regurgitar las pocas sales extraídas
de su cuerpo vencido...

(Desde cualquier ángulo que el documentalista enfocara la lente, el paisaje le devolvía la misma pesadilla, multiplicada en millones de espejos por la carencia: imágenes de la carne regresando a la tierra, o peor, volviendo tal distinción una premisa incomprensible.
    Solo las criaturas hechas de fuego eran capaces de pasar desapercibidas. El destino para las demás sería destacar una veta en el mural que el tiempo irá armando como un mosaico a lo largo de las cavernas y terraplenes.)

IV.
Desertares

El discurso del árbol, III
(Olmos)

Hay tres pulgadas de nieve sobre la arena del desierto. Averiado, a un lado de la carretera, con las puertas abiertas en par, el viejo Van se asemeja a un lujoso pez prehistórico de hinchadas agallas, que constipado o mortalmente atorado con un buche de aceite, protesta de resfríos y ronqueras. La nevada se ha detenido por unos instantes, y permite que las huellas se amontonen al borde del camino. Dibujan cadenas, zigzagueos, burdos ribetes. Caóticas espirales que no te conducirían a ninguna parte... Sólo se divierten respirando brevemente el vacío bajo tus pies, disfrutando fugazmente de la transitoriedad de sus formas, hasta que un nuevo soplo mineral las sumerge.

Sobre la llanura, el viento esparce los aullidos de canes invisibles. Una franja de sombras de un azul ahumado y desleído desciende, en diagonal, de la ladera de la montaña y se incrusta contra los bordes meridionales del lienzo que tus párpados enmarcan por unos segundos. A tu derecha, alguien sosiega el ardor de su parábola amarilla proyectándola sobre los cactus de gorro nevado...

Libertinaje de lo blanco. Parábola dulce y celestial. Carretera surcada por una cremallera de autobuses que se revuelcan hacia un horizonte hecho de márgenes corredizos.

Hacia el final de la estación, tú distraída revuelcas sobre la nieve unas figuras: una estrella, un mandala, un toro ecuestre, una rosa mística... algo que no te haga sentir desamparado en medio de las dunas que a tu derecha se prolongan en una marea de sal interminable.

Hot Tub

a Dyla

Para despertarte place
es que se rizan
estas aguas

mientras inmóvil el rostro
—mitad a la luz
mitad a la sombra— sostienes
en el umbral del baño,

ajena del vapor y los dobleces
e imperfecciones de mi cuerpo
abatido suavemente por las ondas
¡pobre diablo!
Ya a mitad de su jornada.

Mas quizás no sería demasiado pedir
que a mi volvieras el rostro
con los ojos levemente tocados por la demencia
en el momento justo en que la tierra los ciñe
y sola estás pendiente
de tu ser distraído,
tu ser menudo hecho de perfil y ausencias
en el umbral del baño.

Me agacho en el zaguán

Me agacho en el zaguán
y dejo correr el balde de agua sobre las lozas;

el agua
reunida hace un instante
como budista zen
se crispa y estira como un gato sobre el granito
y al revolcarse por el suelo consigue aun arrancarle
algunas chispas a la ocasión.

Me agacho   miro
y es como si hacia la línea del horizonte
—siendo esta el suelo—
se aproximara cantando una delegación de tritones sobre
    las olas;

o mejor
es como si el agua de un balde se extendiera sobre las lozas
con la sobriedad y la gracia que solo el agua sabe
al correr y estirarse.

Junto al zaguán, en la piscina
el agua también se estira y se recoge
en compases que dictan la bomba del agua
o las gimnasias del cuerpo de algunas personas.

Dejar que el día

Dejar que el día se levante por sí solo
sin sacudir su cuerpo bajo las sábanas,
sin urgirlo con amenazas y promesas
de crujiente café o tardanzas irreparables;

dejarlo que se lave la cara
parsimonioso a su gusto
como las buganvillas el rocío
esponjan en sus dígitos de mimbre;

dejarlo que se frote los ojos con picazón   con rabia
y que de pronto la emprenda contra las suertes que se
    amontonan,
como la nieve bajo el porche de un bungaló perdido
entre un seno de tierra y un codo de montaña;

déjenlo
no lo irriten con tonterías chuscas;
con la rusticidad de un ser homúnculo y planetario
que se enamore el día de sí mismo lentamente;
que se cambie tres veces de ropa
antes de poner un pie fuera de casa;
que se tome el día el día para el café o un libro;
que por un día encuentre el día algún sosiego,
y que nos deje en paz al resto de los vivientes.

El discurso del árbol, IV
(Saguaros)

Sobre estos músculos de la aridez edificaré esta imagen. Allí, donde los dígitos de Dios siembran un pájaro; esculpen la herida de una flor; o surcan oquedades para que las habiten insectos de alas puntiagudas y membranosas, semejantes a ángeles en eterno suplicio.

...hacia el final del paseo por las caderas irregulares de la sierra te arremangabas la camisa para mitigar el calor. Una parada sobre un precipicio es siempre una ocasión para el recuento. Para poner en la balanza —un tablón sobre una piedra, tal vez— todo el peso de lo que pudo ser y lo que ha sido; así como de lo que no fue y no será ya nunca; o será de un modo demasiado distinto de lo que verdaderamente soñamos, para considerar, en un final, que ha sucedido realmente.

Nada en el horizonte cenizo se atreve a turbar tu chachareo incomprensible, tu quevediano desvarío disfrazado en vuelos de alta retórica. Aquí, en el desierto, todo es directo y escueto como una verdad inapelable. Deforme y regular como las vendas en el muñón de un leproso. Inobjetable como las ramas del saguaro.

Troncos llagados. En la distancia se persignan bajo la expresión cejijunta de la mañana. O se yerguen, altivos, bajo la nube de insectos de vuelo irregular, que parece haber venido a coronar a un Cristo hecho de sombras y murmullos leves. Sus ramas son oraciones compuestas de verbos que ya desconocemos, y sustantivos que catalogan realidades extintas desde el comienzo de las edades.

En las noches, alzan un candelabro de sombras sobre las cabezas de los que extraviaron el camino. O participan como testigos en el eterno desfile de los alacranes y las tarántulas.

...hacia el final del paseo, tus pies de suelas dilapidadas se balancean temerarios sobre una roca. Desde el precipicio unos saguaros contemplan la escena.

ÁNGELES EN EL DESIERTO

Este es mi corazón —dijo Mateo el Egipcio,
prófugo en Siracusa;
escritor de dos libelos en contra del Rey:
uno publicado en la Gaceta del Pueblo,
el otro mucho más corrosivo y de circulación clandestina.
Tomó un palmo de arena en las manos y se lo frotó contra
    el rostro;
atisbó la garita junto al cercado, al perro
y al oficial de inmigración;
vio los ladridos empañarle las pupilas al perro
y un vaho sideral soplado bajo la boina.

Contó tres pasos, cinco, hizo una cruz sobre la arena;
pensó en tirarse y hacer ángeles de nieve
ángeles de arena
ángeles descamisados atravesando el desierto,
cruzando la faz preñada de un nubarrón...

Avanzan   se detienen
entre la espada del arcángel y el espinazo de Lucifer;
beben el agua del cuerno de un arbusto;
se nutren en la médula de un esqueleto de vaca;
bajan por acantilados
que han sido testigos de ese descenso

desde los tiempos caducos de su forja;
usan sus manos como instrumentos templados en la caldera de Dios
para los quehaceres y operaciones más disímiles;
coronan las montañas con el espejismo danzante de sus siluetas;
hacia el final de un sendero se echan a rodar por el Despeñadero de los Sollozos.

Hacia detrás atisban a la mujer, los niños, las carencias
que incendiaron la chispa de la aventura;
hacia delante sueñan con la promesa de un futuro
coronado con la cornucopia de la abundancia.

Atraviesan jornadas que abren brechas fatales en sus flancos
van dejando la montaña sembrada
bajo un surco invisible de cruces y padres nuestros;
bendicen la mañana que los recibe con un nuevo soplo de resolución;
navegan con la vista   con el espíritu
con la promesa atávica
de sus ancestros
que antes de ellos hicieron este mismo viaje
y conquistaron estos valles y estas colinas.

Corren delante de una jauría de canes
que jadean nubes de azufre detrás de sus cinturas y talones en polvorosa;

camuflan el olor punzante del sexo
con el aroma de los peces y las algas
que santiguan sus piernas desde el fondo del río.

Menguados de brazos y volumen atraviesan finalmente
por sembradíos de manzanas y frutas del bosque;
reconocen la casa del futuro patrón junto a un establo
y piden a Dios un nuevo empréstito para subarrendar sus
    brazos y sus corazones.

Abren canteras, surcos, valles de asfalto que se multiplican
    en vastas metrópolis;
hacen cada mañana sonreír el plato de avena sobre la mesa
y el perfil de la nueva casa al final de la loma;
hunden las manos en las maquinarias que mantienen
el corazón de la ciudad latiendo a intervalos precisos,
mientras sueñan con la promesa de un futuro coronado
por la cornucopia de la abundancia…

En la pupila borrosa de Mateo el Egipcio
los anales de su raza se proyectaban
como en una cinta de cine
puesta a rodar
en un espacio ingrávido.

Junto a la garita el oficial de inmigración hizo arder nue-
    vamente
el tizón enrojecido de su cigarro.

PAN DE PARIS

I.

Allí las Horas pasaban más livianas
o más densas, no sé, la desmesura
era un tema obligado. La lectura,
un castillo de naipes. El *Havana*

Hilton, hotel que nunca conociste
por confeso temor de lo prohibido.
Del otro lado de la bahía hundido
el espolón de un barco sosegaba.

Cruza el cristal por fin, entra en la noche.
Pasa el cristal y ya no sientas miedos.
Afuera el descampado te convoca.

Mas permite que al roce de unos dedos
se cierna sobre ti como una roca
la intemperie de barro de la noche.

II.

Te gustaban los dulces, los pasteles
y esas cosas que están llenas de crema;
las costas navegadas del poema,
ciertas palabras —*juncos, mirabeles...*

que despertando el aire a nuevo aroma
abreviaban el salmo de la espera;
y amabas el francés como si fuera
una segunda patria del idioma.

Y en cada esquina en que encontraste amparo
verso y canción miniaron la jornada
en los anales de tu ser viajero:

rasgueos de guitarra junto al Faro,
tonadas de imposible en la Quebrada,
desertares de un tiempo postrimero.

El discurso del árbol, v
(Ginkgo Biloba)

Las hojas del Ginkgo caen sobre la mañana, transformando lo que de otro modo habría sido un helado paseo matinal por las aceras del Boston Common, en una sonrisa dorada que emborrona el otoño. Los bostonenses, a esta hora, sacan sus perros a remover las hojas del parque; para que generen espirales y remolinos alrededor de los turistas que se descuelgan distraídos por las veredas. Los brochazos de amarillo, violeta y púrpura —ardiendo contra el gris desleído que desdibuja los contornos de todo— excitan los sentidos y calientan la piel de los que pasan.

En un recodo, donde un estanque helado cristaliza la piel de varios peces, te detienes a abotonarte mejor el abrigo. Sabes que esta mañana se hizo para que *tú* la recorras; y que las aventuras más extraordinarias se ubican apenas a medio paso de tus botas. Si supieras al menos cómo despeinar tu vanidad y aprender a mirar en la dirección adecuada... Hay ferias de música y color constantemente pasando tras las puertas de todo. Senadores, que en las aceras de Boston o en un baño público de Roma, saben cómo hacer arder las imágenes para que en su comercio te sientas, de algún modo, reivindicado.

Finalmente, das un paso y compruebas que, efectivamente, tu perspectiva ha cambiado; pero sin noticias aún de la festividad eternamente prometida. Y entonces, sólo me queda, como desahogo mezquino —es verdad, lo reconozco— pensar en *ti, lector*, que nunca has sostenido, desvanecida entre los dedos, una hoja de Ginkgo.

CROSSES, IV

Allí está
al final de la pendiente
que hace que los pistones de los autobuses se contraigan
en un espasmo asmático
perennemente de bruces bajo la noche;

encandilada con su propio chisporroteo lumínico
de luces blancas y rojas
azules y fluorescentes
luces
con olor a caucho y a algodón
a palomitas de maíz
y plásticos derretidos;

en vilo,
despatarrada bajo la inmensidad;
perennemente abierta a la promesa
de una llegada.

Tú a varias millas de distancia vacilas
antes de enfilar tus ruedas por las avenidas que conducen
    al Downtown
a salvo de los espejismos y alucinaciones
que tu jornada por el desierto ha sembrado en tu espíritu
¿a salvo...?

La cochera levanta la cremallera y te engolfa
en *un último bastión de resistencia áurea contra la noche*

en la casa de al lado tu vecino entorna las persianas
antes de reiniciar una nueva partida de solitario.

Diario inconcluso de la Gran Sequía
(Fragmento 57: Un Dios Taíno)

§§§§§§§

Hacia las seis encendían los aspersores. Y la tierra festejaba con gran jolgorio la llegada de ese Dios mítico antillano —deidad de un solo pie y un solo ojo— cuyos brazos prodigaban los jugos y sustancias que las criaturas requerían para proseguir con sus faenas.

§§§

Unípede, se alza sobre las extensiones aciagas de la región para esparcir la promesa de un renacimiento. Haciendo *sigmas* con sus brazos; o con parpadeos de agua, escurriendo los fluidos que microsegundos más tarde descienden por las antenas de los insectos.

§§§§§§§

Huracanan con su furia voraz los márgenes corroídos por la sed. Ahúman la piel con salpicaduras que decoran, como cuentas de un collar, los vellos del torso. Arropan la sequedad con su marcha a tientas por los vericuetos de la penumbra. Al final de un ciclo se recogen como una espiral inversa o como una pupila que se distiende al alejar la linterna del horizonte de la mirada.

§

Unípede, voraz. Con pulsaciones regulares tiraniza las extensiones del fuego. Deja que las bestias abreven bajo la sombra de los cipreses que la luz corona. Con cuentas líquidas bendice el terciopelo, como un lujo imprescindible aún aquí donde la vida se priva de lo superficial y adjetivo. Gota a gota crea los charcos y las inundaciones que les ayudarán a saludar el nuevo día.

§§§§§

Vórtice alegre de la salvación. Ingeniería hecha de piedad más que de ingenio. Extraen los jugos del centro de la tierra y los prodigan sobre las cabezas de los labriegos. Emulan al rocío mientras hiberna en los ríos de la estación celeste.

§§§

Unípede, voraz. Se entrega a su propia inercia, a su movimiento en espiral que pauta los principios universales de la danza. Brazos de agua que aúpan a la alegría y la misericordia. Salpicando signos de plenitud sobre las piedras. Refrescando el tedio y la costumbre donde las cosas habitualmente se recogen. Emitiendo pulsaciones, fluidos, haciendo sigmas.

Discurso del árbol (coda)

Y finalmente has desembocado aquí
—aguijarrado a los costados del prójimo—
luego de recorrer la garganta de rocas que se extiende
por las laderas y valles del suroeste americano.

En un *hiking* bucólico y musical
desentonado como un narcocorrido
has ofrecido testimonio
de los días en la ciudad
y las noches junto a la carretera,
de los valles que nunca has visitado
y los abismos de ensueños que se abren
tras el vacío de la mirada.

Forcejeando con la retórica y el fuego
del suceso fugaz
has desembocado aquí
—aguijarrado a los costados del mundo—
abierto a rendir cuentas por los préstamos
y arriendos que te hicieron
los que pasaron antes que tú,
la eterna hipoteca que nunca llegarás a saldar
y que arde en tu piel como un pecado original
o un tatuaje cuyas líneas
se desfiguran con el paso del tiempo.

Has desembocado aquí y ya sabes
que un nogal en New Mexico
o un almendro en la havana
soplan el mismo rumor bajo los gajos
—carraspera de la brisa nocturna—
el mismo aroma de (no) pertenencia
silbado desde la corteza vegetal del mundo.

Desde la curvatura de los gatos monteses
de pezuñas firmemente aferradas a su estación mineral
te llegan noticias poco halagüeñas
que hablan de tu destierro
en la última frontera sideral del mundo;
aquí poco importa que te inventes artificios,
que adquieras segundas hipotecas
o difundas el mito de una Gran Sequía;
poco importa que digas:

Al llegar aquí hice lo que se me pidió:
forjé un horno con mis manos
moldeé en el barro una caverna para las cenizas y el fuego
amasé en la cima una explanada para poner dos ollas.
Hice almuerzos, desayunos
comidas varias.
Respiré cenizas esparcidas por un pequeño
Vesubio de porcelana
mientras la noche crecía hacia lo alto
como un laberinto de fuego.

Poco importa que hayas sobrevivido
al fuego y al laberinto;
la noche regresará para recordarte
lo que no has conquistado
y los árboles reposarán sus ramas para abochornarte con
    su silencio.

Un nogal en New Mexico.
Un almendro en la habana
—carraspera de la brisa nocturna—
una rama de árbol que penetra
por la ventana donde tu madre
se sienta a reposar
—*distraída por las emulsiones de la lavanda*—
luego de depositar tu bulto de huesos
sobre la cuna.

Las Cruces

De hinojos
como reloj de arena hecho a recibir
el grano de bendición
puntual y lento
que su Señor le avanza
se extiende el desierto sobre la corteza de la Tierra;

en su centro se ubica
la Ciudad
perennemente desafiando a los Cielos;

en las márgenes
te ubicas tú
      distraído
         transitando entre ambos.

De ese comercio irregular
—no cotizado en la bolsa ni indexado
en alguna estadística macroeconómica—
surgen casi por magia habitual
nuevos desiertos
nuevas esferas
y nuevas ciudades...

pero más interesante aún es ver surgir
nuevas versiones de ti mismo...

Catalogarlas con una lupa
es una labor a la que te entregas en ocasiones
con curiosidad de entomólogo
o el fervor de un burócrata
enternecido entre sus folios.

Tus amigos llaman a veces
para exigir partes de tu salud
y demandar actualizaciones de tus coordenadas más inéditas

tú mientes mientras finges
conocer la verdad...

Acaricias el pomo de la puerta,
dejas caer el celular entre un bulto de cosas,
abres el refrigerador
o escudriñas gavetas en busca de algo que piensas
que has perdido...

En la distancia tras un volante tus ojos te ven por las
    persianas entreabiertas
removiendo objetos y facturando deseos...

Del otro lado de la realidad
sientes la brisa soplar por la ventanilla

que entornas con discreción...
Al cabo de un rato

—¿años siglos segundos?—
regresas los papeles a la guantera
y suspiras pausado

antes de perderte hacia otra extensión que desconoces...

Havana, 1995 | Las Cruces, 2004 |
Tucson, 2008 | Atlanta 2025

Yuma

I.
Crosses

Tres Cruces

Today I saw it again,
    the Desert City
burning like Moses' staff
in the night's open air,

while along the Interstate
cars,
light and ravenous,
    close in
like coyotes going nowhere.

    The day
is laid out and driven by a cloud of dust
    and steam;

urban light is a spill of nerves,
a gigantic merry-go-round
thrown face-first into the night.

In my city, the other one,
light is issued by a one-eyed cyclops,
    voracious / atrocious eye
swaddled in embers,
like a prophet's beard aflame.

Three turns of the wheel
and you're elsewhere;
feeling someone trafficking
in the cities
of your cerebral hemisphere
absent from any god´s map.

Three turns of the wheel
and you reach another place;
three crosses, three stars,
a very attentive audience.

La Habana

It was a paintbrush
in the hands
of a very unruly schoolchild

moving towns, neighborhoods
    at whim—farther South,
        farther North—
across the frayed map of a memory

relocating trades at will
jumbling encounters and remembered dates

plunging us into the pleasures
of the night
and the stroll.

My father would sometimes smoke
at the hour when neighborhood coffee took its place on
    every counter
and the unanimous smoke rose to mingle with the mists
of the Columbus Cemetery,
votive center
    of the secret city.

For La Habana
    was, on certain Thursdays,
a very mischievous child
    who laughed

        and awoke
        —with abrupt gestures—
                    matter itself.

The Pompeians would have celebrated her in a mosaic:
a harbor   a lantern
    a painted night
        set in Prussian-blue inlays,
three drowsy boats
        tiered northward.

Ports, galleons...

To look
through a skylight or a window
at my mother ironing me for school;
to go by her hand, pulling a ribbon
long and slender
like the streamers of the first carnival
or the line of taxis uncoiling
from the skirts of the Capitol.

To sink to scrape to look
through the haze
—and the emotion beating in our chest
with the simplicity of a medal

flipped to heads or tails
to fish or moon
to light or swords—

next to fall face-first onto the most ill-fated
granary of a harvest

with concave hands releasing doves
blessings   goodbyes   pergolas of fire...

until watching my mother
moan   open wide
as in the skylight of a unicorn.

Monday plumes

Monday plumes
in the fire of a waiting;

pale dancing fear on the interior walls
pressing the dried udders of the spirit;
a drop of milk smiling at the nipple
as if to quench the thirst of impossible mouths;
morning walks in the vastness of a smile
and everything seems an opening wide of things;

stirring in ashtrays the butts of an afternoon that does
    not end
from that one time when your hands moved through the
    low light
and there was a fluttering of birds against the windows.

Plumes of time
like a blot on a drawing,
like a strike-through over a broken word;
it is the bewilderment that lays its face
over the promise
you never made me
but that still flutters
over the lintel of this wasteland.

MNEMOSYNE IN THE MOSS

Mother
reap the density
of thought;

let fall, at the sweep of your sickles,
doves, valleys
furrows of wheat
over my face;

banish the word
from the dream of meaning,
Mother,
banish the figures from the word...

so that the cat licking its pupils
is not mistaken
for the stag on the sand,
whiskers crossed over.

Mnemosyne in the moss,
Hush,
reap the light of a thought.

I see your laborers descending heads bowed
they carry the sickle   the psalm
and in their chests
a pulsing measure of life's turning

Mnemosyne in the moss   Mother   hush
reap the voices of a thought...

The Coca Cola of Forgetting

> Don't drink the Coca-Cola of Forgetting.
> Havana saying

According to some
dark magic
alchemy
of a medieval Havana
sunken in its barrel
of miseries and superstitions;

according to others
the love spell
that a certain witch—perhaps
that false
Condesa de las Reuniones—
managed to rescue
from the zeal of the Inquisition
and its iron arm.

To forget your beloved ones
and your past
the Coca-Cola of Forgetting
mixed with absinthe
what a cure

and how it soothes and refreshes
in its diet version.

Taken in small sips
in the afternoon
like a bottle
of rum
like a vintage bolero.

Discourse of Nostalgia

I am not the exile
with a lost gaze fixed on the vicious wake of the sea,
nor the Word as a void
ruffling the hair of a crowd
marching under banners of innocence.

I no longer recognize myself
in these worn daguerreotypes of my country's history,
indecipherable despite the urgencies and the craft
so unmistakably deployed by the most skillful restorers
    of the shire,
lit by parched men working in basements.

I look and do not recognize myself
in those colonial gentlemen with forced sideburns
and mustaches pointed like their shoes,
their hats, or their stored virility
—and thanks to a certain archaeological marvel of the
    century—
saved for posterity inside a bottle.

I no longer know how to split myself into their portraits,
and remember instead the Silent Comedy,
those scripts from the silent films of my childhood:

the chubby fool kicking them in the rear
while the overexcited crowd
hurls tomatoes at their faces,

cake   scraps   banana peels
stones   hats   fists   vanilla ice creams.

Besieged at the center of so much confusion, I no longer recognize myself.
I possess no faith I have not seen pinned to a mural with thumbtacks.
I did not awaken my prayers
in the dark cantina of your dreams,
where a jester with leaf-scouring horns and goat skin,
standing on a stool, proclaimed the endless benefits of the feast

enivrez-vous   enivrez-vous sans cesse
de vin, de poésie ou de vertu, à votre guise

beneath the lintel of the entrance I tried to keep my perspective on the scene,
and I could not be in the private booths where some were tilting
the translucent spiral of opium.
Nor did I share with Casal's contemporaries that modernista

adoration of marble—in statues   sarcophagi   Havana
    urns—
the marble cold and splashed with fresh blood
just barely spilled from some hero.

To be clear, I should state that I did not see the heroes at
    the latest parade
—even though I have been told they were there—
and despite the fact that I have replayed my recordings of
    the event
more than a thousand times,
and the image was perfectly clear,
without interference.

What could I argue in my favor?

After a disaster I must have been left
unfit for the admiration of such feats of magic.
And although I remember blessing three times
the catastrophe that brought me this cosmic amnesia,
this cautious blindness,
this vision of burning birds and ships on the far shore
without hymns or preprogrammed routines,
I know that when you cross your hands again over a desire
the gods will not come to your aid
nor will they wrest your propeller from the tearing of the
    rock...
—a plank   a trunk lid   some coins   a school of sardines

half a body floating   a ruined snapper fin   a helicopter
taking a few snapshots from above—

❧

(...*and my heart was nicked*   *and my blood congealed*)
when I was not on the balconies where the crowds cheered
those invincible January squadrons
(*and my eyelid closed and my virility dulled*)
on the rooftops   jubilation   flags
and dozens of drummers gathering to march
behind the unstoppable thrust of the palfreys
(*and my chest faltered*   *and my verb of light no longer flared*)
four hundred soldiers fell wounded   four hundred stories
    of valor
four hundred mothers warming the corpse of a hero
(*and my voice went out and my sleepless pupil closed*)
during an interlude the aviation brigade maneuvered in
    the air
drew slogans of smoke across the clouds
lifted the hearts
(*and my chest gave way and my bronze arm broke*)
at night
they tilted a scale of thoughts and images
so that it might find refuge in the dreams of a child.
(*and my heart iced over*   *and my sleepless pupil closed*)

Mother, I implore you:
connect me by a catheter

to the spilled blood of my ancestors,
or explain to me why my girlfriend's
name was not Amalia,
nor did she have brief brunette curls
to smooth beneath a parasol
in the carriage that the family rode on Sundays,

nor was it my father who posed
with nervous hands behind his frock coat
before a sugarcane smelling of Blackness.

besieged at the center...
I no longer recognize myself...
I possess no faith I have not seen...
I grow old I grow old...
I shall wear the bottoms of my trousers rolled.
Shall I part my hair behind?
what could I argue...
...without the waving of flags...
...without the accompaniment of hymns...
Frères humains qui après nous vivez
N'ayez les cœurs contre nous endurcis
I look and do not recognize myself
and I no longer know how to split myself...
Vous nous voyez ci attachés cinq six
unfit for admiration...
this cautious blindness...
Enivrez-vous enivrez-vous sans cesse

de vin de poésie
...beneath the lintel... Mother, I implore you...

I am not the exile.

Impossible Zen

Telegrams to Jupiter
and from Orion
triangulate tonight
this unreality.

Below, in the valley,
the city keeps burning,

its flanks of tar
perpetually sprayed
by the lights.

It traffics in its streets
goods it has no claim to:

your hope and the young woman's smile,
the trench coat at the coat check,
and the order of a Big Mac...

Between flow and paralysis
the car tires construct an illusion
of existence, very much on purpose,
which you accept as such
for lack of more compliant evidence.

The somersaults of time
will carry on for a few scenes,

until sight grows tired of existing
and new phantasmagorias flood us.

II.
Discourse of the Tree

The Discourse of the Tree, I
(Beneath a Walnut Tree)

For the Buehlers

Above the flood of irrigation lie the walnuts. The Labrador, in the backyard, lets out a bark and at once falls silent. He turns a circle in the dirt. Scratches a little. Spins about… Snaps at a fly, growls… After a while, he settles. And with his chin resting on crossed paws, he watches his owner roll up his trouser legs and sink them into the water.

The ring of sunflowers at the back tries to seal the scene, which nonetheless extends into the silhouette of the hills, blurring into nothingness. The horizon is disturbed at every moment by a cloud of insects or the drunken parabola of some bird. And the weight of the crane, as it descends, regulates the sleep along the eyelids of the Labrador lying beside the pond.

It is dusk, the hour when houses and towns offer us their clearest profile. A sound of cutlery and tablecloths unfolding indoors announces that the family has gathered around the table and celebrates the day's solemn mitigations. And that brief shadow, fleeting behind the shutters, is without a doubt the cat; the cautious cat you thought you saw slipping from his place beside the sofa toward the soft down of a bedroom.

In front of the porch, an avenue divides the plain and drives itself like a dagger between two slopes. You shut your eyes, and when you look again, a very fine layer of snow already dresses the pasturelands and, in short order, crowns the branches of mesquite and creosote. One season ends. Another has not yet begun. When you trade your place once more, all possible perspectives will rush toward some unforeseeable point on the far side of the horizon. Beyond the gate, a yawn, a final wave. This must be the end.

Someone advances.

Somewhat in the Manner of Georgia O'Keeffe

I.

The desert stands before me like a page
docile to my whims,
to writing.

With its relics I build
   an alphabet
whose blurred
and murky characters
   are:
this cow skeleton,
those flanks
   of buffalo or ox,
   that jaw
which, in an unmistakable grimace, tells us
the bare, honest truths
of the desert.

To walk   to wander   to gather stones,
not to feel oneself whole
but be part of the page,
the masterful, memorable
(and still never begun)

project of writing
that the desert, distracted,
blows across the sand.

Not to halt the dream in hollows
    routes,
only the desert as a social benefit,
or a civil reform
the state has promised;

like someone who says «*Later. Maybe.*»
but plans a swindle,
    a waste,
    a verse
neither erased nor written,

upon this incomprehensible page
the desert publishes.

II.

Bodies   horses
out of nowhere
a cloud of dust
gives them away

out of nowhere
where are they going
only bodies   horses
and a cloud of dust.

Camino Real—at the edge
I see bodies   horses
hoofbeats starting
a flexing arc

a mineral chaos
a sigh of stone
a yellow strip
and another blow

of bellows that lifts
an explosion of rocks
a mineral chaos
a ditchside tumult

it lashes the warped
waist of the nopales
only bodies   horses
straight out of the void

straight out of the void
and going where
another ring of hooves
another cloud of rocks

just as if all were
to eternalize the shifting
cycle of stone
this cycle of the horse

or as if they came
—another cloud of dust—
to defibrillate the plain
from its sopor.

III.

Clod: absolute earth
a mother's slashed nipple

you are the flower   the fruit
the rough sex of the earth

do not be mistaken for the fiery majesty
of stone-rock
nor for a blade of cutting slabs
at the bottom of the river

you were the nightmare
the wart on the face
of the old sea dog
(fixed between his nose and the spyglass)

clod   grain
of man

and may all the commandments, rendered commonplace
in the gardens of history
make of you the horror of enameled decadences

you were the sex   the flower   the song   the fruit
the rough beauty
of the earth.

Hatch
(New Mexican corrido)

To Hatch to Hatch
go the ants

in the mane of the tornadoes
on the lift of the breeze

To Hatch to Hatch
go the ants

coiled in the serpent
tangled in your feet

To Hatch to Hatch
go the ants

through the agave gorge
along cactus spines

To Hatch to Hatch
go the ants

and the prairie dogs
trail them for a while

To Hatch to Hatch
go the ants

they cross La Dolorosa River
and the Devil's backbone

To Hatch to Hatch
go the ants

halfway through the journey they spot
the trailer of the unsung

To Hatch to Hatch
go the ants

with the rancher's knack
and the undocumented dread

To Hatch to Hatch
go the ants

not drawn from their labor
by the smell of the old pueblo

To Hatch to Hatch
go the ants

nor by the promise of marshmallows
or the peyote's dull flavor

To Hatch to Hatch
go the ants

down el Camino de Oñate
they roll towards their fate

To Hatch to Hatch
go the ants

on the lift of the breeze
on the tornadoes' mane.

T.A.

You've come to give your grammar lesson,
to extend notions and astonishment,
to comment on *the seas*
   that run south,
   the Greeks,
and a marginal gloss on a discourse
by Seneca, which innocently
offers itself to sate
your vanity
as a public man.
You've come to stir up dust,
some papers,
to distract them
for a few hours.

You've come to carve
   a hieroglyph in the void
      —a passage, an alphabet—
to invent a new era,
to play the astrologer
and, underneath it all,
to know yourself the eternal
buffoon who charges at them
with an absurd fencing

of gestures,
of obscene sounds,
and, in the end,
incomprehensible.

You've come to cure
your agoraphobia,
to feed some unconfessed
grudge against silence,
    against peace—this Western
        eden—this calm,
happily
    reclined
of days.

You've come to wage war, an earthquake,
to charge the world dearly
for its rookie move,
to exorcise a few notions,
a few images that hammer at you
—a couple of pious ideas
that shipwrecked in your brain—
and won't let you sleep,
and give you rheuma.

You've come
—let's be honest—
because no one was waiting

for you
anywhere else,
because you pretended
not to fall in love this time
with your students,
and instead cultivated
a strategic disdain,
an exponential indifference,
and some measure
of good pedagogical sense

which neither the limestone
nor the brick walls
in the end believed.

The Discourse of the Tree, II
(Beneath an almond tree)

The children are playing marbles in the vacant lot. Toward the back, the mother is hanging the sheets.

Blinded by a glare that strikes her from the West and prevents her from continuing her work, the woman bends to pick up the bucket of water. As she does, a flash of light charges at her from the surface of the mirror, forcing her to raise her arm as a shield. The sheets billow in unison under a gust of air that makes the clotheslines vibrate and produces, in the distance, a tension of harps and sails. Distracted, her eyes now travel across a perspective of dilapidated rooftops stepping down toward the south like a squadron marshaled by poverty. From the scattered boughs of a few mango trees, an imperceptible shaving falls to the ground.

Lavender peace. It will be suddenly disturbed... when a rising clamor overtakes her, compelling her to scrutinize the shifting shadows toward the back, in the direction of the lot.

Beneath the almond tree, the children. Their feral hands, like spiders, dart swiftly across the damp surface of the mud. They trace capers, calembours, parentheses, and other whirlings of body and their grammar. Patches of brightness reveal hollows among the branches of the tree.

The mother then perceives that this tumult of voices, which when listened to closely proves deafening, intolerable, had nonetheless been there since the beginning of her chores: a dull, distant, imperceptible murmur, as if it were an original harmony, a chant, or a form of the afternoon's musical muteness. Then the woman wraps her arms around herself and murmurs between her lips—some passerby on the sidewalk might see it—an arabesque of watered-down words, as in a responsory.

All the sheets in the neighborhood, in a play of mirrors, multiply at this hour the scant light, raising a final bastion of golden resistance against the night.

Until the last palisades are torn down and pregnant women are put to the knife by the executioner of impenetrable silences…

And the city ignites its belly like an exotic dragonfly, unregistered in the catalogs.

On a balcony, a head of hair under a comb leans out to greet the first caressed breezes of dusk. The sharp, flapping slap of the hair will be a sweet insult, splashed across the faces of those passing by.

Enter the Flies
(Atlanta, 2025)

The flies come in
curled in spirals,
they stamp, they pierce,
press inward, open…
open above,
below they open.
The flies come in
coiled in spirals.

Someone may notice them,
the lethal flies,
they wound the shade
and boil the blood
when they might settle
on truths or lies.
Someone may see them,
no one will name them…
those green-black flies,
the lethal flies.

They bow their feelers
before the jambs,
under the lintels

of every shrine,
that's why they're present
in every party,
in each of the offerings
of every chime.

The flies come in,
they stamp, they pierce,
open, encircle,
charge, then collapse...
The air adores
their incisions,
their formations
coiled in spirals.

The flies come in,
a grave parade:
the horseflies always
come charging first,
they flaunt the pomp
that glows and flexes
their green-black glare
burning the air.

The flies come in,
they cleave, they pierce
just like the fever
of hurricanes.

No one can name them
and no one looks.
The green-black lethal
flies come again.
Past the last hour
they go and stretch
over the shadow
that still remains
just like the velvet
of a curtain.

Glosses to the Road
(A road poem)

So that you may write this page,
this combination of links and sounds,
of sharp silences and obscene words
that, by almost a miracle, your hands will abort,
the landscape stretches across your windshield,
now static, now moving,
now slow or flickering,
like a girl with fluttering eyelashes,
the landscape one can almost caress on these afternoons
that run along the vein of the American Southwest.

Everything snaps or goes still,
everything smiles or drains away as you press
the accelerator's bellows at your mercy,
without forgetting the sharp coolness of the afternoon
that clouds your senses and conditions you
for the small novelties of everyday occurrences:

birds   sunflowers   serpent eyes burning
from the depths of a cliff,
smiles trafficked with another car.

You roll the window down and the inflamed lung

grows young again,
inhaling the scent of flowers whose lives demand so little,
nopales with broken hips
torsos twisted too far,
saguaros with muscles tense like athletes, shrubs
whose names someone who is not you pronounces
from a concave distance of breeze and space.

You smooth a strip of hair in the rearview mirror
as slowness blurs...
when a new cloud of speed carries you off.

Ghost Town / I-10 / Mile 93

To Jesús Barquet

They came because there was gold. At least that was what El Tapao had said as he passed through La Cañada. And that voice sounded like a promise, like a confession slipped between two pauses of whiskey, hissed—with rancid saliva—through the gap between his two teeth: «There's gold there; look under the stones.»

It was said in a low voice; and possibly heard halfway down the bar; but a single slip was enough to set spirits alight. «There's gold there. Dig.»

The voice circled the village on a bird's back. A hummingbird traced a spiral across the bars of every window. And two days later, at every doorway there stood a man armed to the teeth with picks.

At first, only three or four arrived, the three or four intrepid figures customarily favored by habit: the precursor, the fugitive, the blacksmith. Invested with the rites prescribed for the occasion and sworn together by scars into an unbreakable brotherhood.

They read the signs: they drank from the stream at the bend of the ford, entered between two breasts of mountain range, descended to where the eagle laid its eggs. They dug. And there was gold. A thin, narrow vein, like an adolescent ravaged by malaria.

But it was gold.

With contained excitement, the future mayor of the mining town of Peñón Bautista laid out with a chalk line what, only hours later, everyone would know as Main Street. The first smelter rose at one end of the road. And the first railway line arrived screeching a ragtime of modernity along the rails, just weeks after work had begun in the mine.

From the locomotive descended, one by one and without haste, the silhouettes everyone had been waiting for. The apothecary, who contributed a dowry of twenty-two hens and his three unmarried daughters. The barber, who arrived to legislate over hair and to become the official editor of the yellow press. In his swollen luggage, Benjamin Taylor dragged along the Colts, Remingtons, and Derringers that a week later gleamed on the walls of his celebrated armory. Alongside Main Street, the inevitable Saloon opened its doors. And with it began the endless pilgrimage of adventurers, merchants, and poker players who never let the swinging jambs of the shops rest, constantly sprayed by the horses' breath.

Women with high eyebrows and low necklines stepped out each afternoon to promenade beneath the pergolas of the central square, or laughed raucously, reclining behind the wagers and deceptions of the deck.

༄

Around Main Street, life grew as if captured in a time-lapse sequence. Moons rising and suns setting reluctantly. Freight cars endlessly hauling gold ore along the spine of a mountain. A church lifting its cross above the rooftops of every neighboring house. Baptisms, masses, anniversaries, assorted weddings. New businesses opening their doors—a portraitist, a brewer, a phlebotomist—only to close them a few months later, to remodel or relocate to a roomier space.

The gold ore of Peñón Bautista spread its fame quickly among the mining towns of the region, stirring admiration and envy alike among white-collar investors and men with blistered palms. They came from everywhere, each hoping to secure a slice of the cake.

When rumors began to circulate that the gold was running out, a pick struck a silver vein, and the jeweler's daughters breathed easy as they set an amethyst on a parishioner's ring finger.

The silver cycle managed to cover the mortgages of the next five winters. But the tin cycle would last even less, and would finally drown beneath a viscous stain of oil. When the blacksmith once again surpassed the jeweler in rank, it became clear that the fate of Peñón Bautista had been sealed.

The mayor, the jeweler, and the investors of the Union Mining Co. were the first to clear out. The smelter ceased its operations. «Vacancy» signs multiplied along Main Street. The smoke of the locomotive became as infrequent as that of the factories. And on the tables of the Saloon, poker was soon replaced by solitaire.

...one April afternoon, the dentist pulled his final tooth and left his crude instruments lined up on a table before closing the door behind him. (Several decades later, occasional visitors would still be able to admire the bloodied root trapped in a pair of rust-covered forceps.) The apothecary emptied his jars of herbs but forgot to evict the multitude of aromas that still today mingle among the well-labeled bottles and containers on the shelves.

Mesquite walls grew over the entrances to numerous houses and shops, disfiguring the shadows of their former glories—or inviting the imagination to repopulate them at will with songs and orgies.

Moving a little farther on, toward the far end of Main Street, the rails with their upturned tips seemed, in their posture, to defy the sky, like curses or fists hurled against the night.

III.
The Great Drought

Unfinished Diary of the Great Drought
(Fragment 4)

No one remembers
when
the Great Drought
began.

It is only known that
one morning it had arrived
to stay.

It settled in the unguarded
branches of the cypresses,
slender
guardians of the house;

it spread across the cracked
backs of the beasts
and the wood of the stables;

it nested in the walls, in the thirst
of the stoves,
in the cough
of the faucets;

it baptized the fields beneath the tongue
of its fires;

upon the stones of the road
it had an image engraved...

(this is how, before the inhabitants
noticed its arrival, the Great Drought
had taken possession of everything):

the archives of leaves,
the abrasive tongue of the dogs,
the nasal howl
of the coyote.

(a muffled plea and a mild
madness might have remained to recount it,
had they not also perished,
victims of another catastrophe).

Candles, Prayers, Stained Glass

Preaching flame, ambassador
of a sorrow, bowed or upright
on the slow altars
of half-light.

Flame of twelve fires
and three hearts,
my waking heart that dreams you,
my sleeping heart that gives you light.

Flame I saw in my mother's eyes,
flickering in the flesh of the wood,
sailing the crest of dew,
biting at the fringes of the night.

Eloquent flame, yet without a sound.
Sonorous flame, yet without lament.

Catalog of Fruits
(Neo Indo Pastiche)

> In upright stance it rises high,
> the graceful pineapple, clad in splendor.
>> Manuel de Zequeira y Arango,
>> *Ode to the Pineapple*

> More pleasing than the cherry,
> and than the precious vine of the grape,
> here the tamarind prevails.
>> Manuel Justo de Rubalcava,
>> *The Fruits of Cuba*

I.

Fruit bearing names forbidden, strange to say,
like native sap it harbors, dark and wild,
that sweetens thorn, not leaf, along its way:
a roughened hymn to sweetness undeserved.

Mojave yucca flower, split and scarred,
upon a cliff your blushing stalk stands bare,
exposed to fire, while salt the fouled air
hurls at your fruit, debased and weather-hard.

Bellows of scent that the roadrunner tracks
through hermit scrub and nopales at dusk,
drawn by the promised bite at the other end.

Strawberry cactus, waking sudden fury
deep in the somber entrails of the hawk...
Stone bulks fixed in a vestigial shape.

II.

Queen of the Night sponges the irrigation
that was carried through the pores of the breeze;
the date above cornices the palm tree
under the night ablazed in jubilation.

The saguaro's fruit soon falls to the ground,
and the trophic web then, set into motion,
feasts on the gooey nectar that slides
over vegetal flesh. There, from the blind

spine that floodlights crown, sweet pitayas
and prickly biznagas slowly rise,
sleepless through the night though rather quiet,

like horrid thumbs, a leper's stump, like daggers
driven into the liver or the heart
of a night drifting further from the valley.

III.

They took the jiotilla to be pressed,
the one the hand made bleed grazing the stem;
a blood-levy stained the roughened skirt
of the sore body kneeling on the fields.

Nectar and pulp the hand draws into reach
and, sidelong, nudges now toward the hearth;
the reason that explains the stem's ordeal
patiently boils above the reddened grate.

At last, upon the table, she pours it out
over thick slices of bread or fresh white cheese,
or seals it tight in glass to keep it safe.

Thus the Oaxaca woman tames the pulp,
burning in sweet arabesques on the flame,
the singing notes of sweetness in the fire.

IV.

> A prickly pear is a prickly pear is a prickly pear.
> Mojave proverb

Satellite tunas
with fingers God bruises
with a frank handshake

beneath the golden band of the noon
an accordion of birds plunges upon your fruit.

Pierced by Gluttony and Lust,
by the hunger and loneliness of the Indian Pueblo,

Satellite tunas,

false fruit of Eden, enjambed
upon a nopal
with hips deformed,
while a rattlesnake
coils on your brow like a tiara.

Absent from the cornucopia of the gods
who named you in my tongue,
I reclaim you in the tongue of ancient gods
whose remains I stir beneath a mound of ashes.

Satellite tunas
(Prickly pear they nicknamed you,
to confuse you,
those of the invading tribe
on the other side of the border),
you smile at the lost gaze of travelers
who pass you by
like a mirage,
while you punish the flesh
with a sporadic contraction
of your rages.

Crosses, III

Today I saw it again,
it throbs, it ripples—like a flag of fire—
over the wreckage of the night,

thriving in the vices of your imagination,
keeping you suspended through the whole dawn,

forcing you to reformulate things
or to resurrect names rusted over
by habit or imprudence:

Cockaigne   Paitití   Aztlan   Merópida

regions that inscribe in the cerebral cortex a promise,
a tattoo made of nerves and involuntary sensations
that invade the wastelands of gray matter
and compel you to consider perspectives you had not fore-
    seen
while you were wandering distracted,

such as asking yourself about the exact measures of your
    body,
or investigating a reason that might explain
how the celestial sphere fits

with such eloquent precision
into the curve of your armpits...

Cockaigne   Paitití   Aztlan...

Banner-cities that the barren vastnesses
of the spirit label at will,
leaving behind a trace of salvation
you do not fully understand,
yet one you will not be able to stop invoking
with each new day that approaches.

Dunes Toward the West

To be silent
to dig into the heart
the perfect prayer,
with a gaze that does not know where it looks
the landscape always seen but never found.

suddenly blurred in an incomprehensible blindness
as you search the sand of my being
for footprints that might uncover a path.

to be still
to see the distances of the landscape.

to weave a silence, to feel its fibers
in the arpeggios of a guitar.

to carve deep in the sand of my heart
with the mineral particles of the tongue
—the seditious syllables of saliva—
burning, scorching, creating
not a Night nor a Jungle
but a Dark City,
a minute illness of the soul
that searches, in its unease,
among the snowbound mounds of being.

lost in a hollow of yourself,
with no sea in the distances, no ships
with gifted prows
aimed toward a horizon of bliss.

no sea   no bliss   no ships
in the expired salt of being,
in the chiaroscuro substance of unconsciousness,
uninhabited, diminished,
spilling tears into the seam of my intact fibers,
with a twist toward my habitual disenchantment.

...while I wait, Beloved, for you no longer to come,
for you to absent yourself from the Here,
reading the notes of your eternal arrival
in a footprint that cleaves these sands.

Unfinished Journal of the Great Drought
(Fragment 33: A very florid Monday)

On the worst afternoons
a fallen leaf,
still green in the air,
was already tinder
before it touched the ground.

The ants combusted
at the slightest brush of their bodies
against the sand.
The wings of insects caught fire
when scorched
by the heavy breath of the Southeast.

The cows lay dead along the embankment,
their hides patching it
into a wildly imprecise design.

The horses' hooves sank
and were set fast in the cracks
of the unyielding earth;
their haunches,
finally overcome,

struck the ground and raised
a cloud of dust
petrified into fossils over the passing centuries.
and the dogs' drool burned on their tongues,
like the ejaculation of a convict.

Peccaries with embered eyes,
like bulls escaped from Lucifer's womb,
cut across the concentric circles of the wasteland,
crushing the charred shadows
beneath their hooves.

In another corner of the summer season
Arachne descended along the thread of an anguish
to greet the visitor who dared to enter the labyrinth of her
    industrious being...

her city was laid waste with a single swipe
as the feline wiped its whiskers
after regurgitating the few salts drawn
from her defeated body...

(From whatever angle the documentarian trained the lens, the landscape returned the same nightmare, multiplied into millions of mirrors by scarcity: images of flesh returning to the earth, or worse, rendering that very distinction an incomprehensible premise. Only creatures made of fire were able to pass unnoticed. For the rest, destiny would be to stand out as a vein in the mural that time will go on assembling, like a mosaic, along the caverns and the embankments.)

IV.
Desertions

The Discourse of the Tree, III
(Elms)

There are three inches of snow over the desert sand. Disabled at the roadside, with both doors thrown open, the old van resembles a luxurious prehistoric fish with swollen gills, which—constipated or fatally choked on a gulp of oil—complains through cold and hoarseness. The snowfall has paused for a few moments, allowing footprints to pile up along the edge of the road. They sketch chains, zigzags, crude borders. Chaotic spirals that would lead you nowhere... They do nothing but amuse themselves, briefly breathing the void beneath your feet, fleetingly enjoying the transience of their forms, until a new mineral gust submerges them.

Across the plain, the wind scatters the howls of invisible dogs. A band of smoky, washed-out blue shadows descends diagonally from the mountain slope and wedges itself against the southern edges of the canvas your eyelids frame for a few seconds. To your right, someone soothes the burn of his yellow parabola by casting it over snow-capped cacti...

Licentiousness of white. Sweet, celestial parabola. A highway furrowed by a zipper of buses tumbling toward a horizon made of sliding margins.

Toward the end of the season, distracted, you also roll figures across the snow: a star, a mandala, an equestrian bull, a mystical rose... something that will help you not to feel abandoned amid the dunes that stretch to your right into an endless tide of salt.

Hot Tub

for Dyla

It is to wake your pleasure
that these waters
curl

while motionless your face
—half in light,
half in shadow—
you hold
at the bathroom threshold

unaware of the steam
and of the folds
and small imperfections
of my body,
gently worn down by the waves
—*poor devil*—
already midway through his journey

Yet perhaps it would not be too much to ask
that you turn your face back toward me,
your eyes lightly brushed by madness
at the precise moment when the earth
tightens around them

and alone you attend
to your distracted being,

your slight self
made of profile and absences
at the bathroom threshold.

I crouch in the entryway

I crouch in the entryway
and let the bucket of water run over the tiles.

The water,
gathered just a moment ago
like a Zen Buddhist,
bristles and stretches like a cat on the granite,

and as it rolls across the floor
it still manages to strike
a few sparks from the moment.

I crouch   I look

and it is as if toward the line of the horizon
—here, the floor—
a delegation of tritons were approaching singing,
riding the waves.

Or better:
as if the water from a bucket spread over the tiles
with the sobriety and the grace
that only water possesses
when it runs and stretches itself.

Beside the entryway   in the pool

the water also stretches and gathers itself
in rhythms dictated by the pump
or by the calisthenics of a few bodies.

LET THE DAY

Let the day rise on its own,
without shaking its body beneath the sheets,
without pressing it with threats or promises
of crackling coffee or irreparable delays.

Let it wash its face,
unhurried, at its own pace,
the way bougainvillea sponge up the dew
in their wickered fingers.

Let it rub its itching eyes in anger
and suddenly lash out at the fates that pile up
like snow beneath the porch of a lost bungalow,
between a fold of earth and an elbow of mountain.

Leave it.
Do not irritate it with coarse foolishness,
with the rusticity of a homuncular, planetary being,
let the day fall slowly in love with itself,
let it change clothes three times
before setting a foot outside the house,
let the day take the day for coffee or a book,
let the day, for once, find some calm,
and leave the rest of us living beings in peace.

The Discourse of the Tree, IV
(Saguaros)

Upon these muscles of barrenness I will build this image. There, where the digits of God sow a bird; sculpt the wound of a flower; or carve hollows so that insects with pointed, membranous wings may dwell in them, like angels in eternal supplication.

...toward the end of the walk along the irregular hips of the range, you rolled up your sleeves to ease the heat. A pause at a precipice is always an occasion for reckoning. For placing on the scales - a plank on a stone, perhaps - the full weight of what might have been and what has been; of what never was and never will be; or of what comes in a form so distant from what we dreamed that, in the end, it can hardly be said to have happened at all.

Nothing on the ashen horizon dares to disturb your incomprehensible chatter, your Quevedian delirium disguised as flights of high rhetoric. Here, in the desert, everything is direct and spare, like an unappealable truth. Deformed and regular, like the bandages on a leper's stump. Incontestable, like the branches of the saguaro.

Wounded trunks. In the distance they cross themselves beneath the furrow-browed expression of the morning. Or they rise, haughty, beneath a cloud of insects with erratic flight, which seems to have come to crown a Christ made of shadows and faint murmurs. Their branches are prayers composed of verbs we no longer know, and nouns that catalogue realities extinct since the beginning of the ages.

At night, they raise a candelabrum of shadows above the heads of those who have lost their way. Or they take part as witnesses in the eternal procession of scorpions and tarantulas.

…toward the end of the walk, your feet with their worn-down soles sway recklessly atop a rock. From the precipice, a group of saguaros contemplates the scene.

Angels in the Desert

This is my heart, said Mateo the Egyptian.
Fugitive in Syracuse,
author of two libels against the King,
one published in the People's Gazette,
the other far more corrosive, circulating underground.
He took a palmful of sand in his hands
and rubbed it against his face,
glimpsed the guard post by the fence, the dog,
and the immigration officer;
saw the barking cloud the dog's pupils
and a sidereal vapor blown beneath the beret.

He counted three steps, then five,
made a cross in the sand,
thought of throwing himself down to make snow angels,
sand angels,
shirtless angels crossing the desert,
cutting across the swollen face of a storm cloud …

Between the Sword of the Archangel and Lucifer's Spine
they move forward, then stop;
drink water from the horn of a shrub,
feed on the marrow of a cow's skeleton,
descend cliffs

that have borne witness to that descent
since the obsolete times of their forging.

They use their hands as instruments
tempered in the furnace of God
for the most disparate labors and operations;
they crown the mountains
with the dancing mirage of their silhouettes,
and at the end of a trail
they hurl themselves rolling down the Despeñadero de los Sollozos.

Behind them they glimpse the woman, the children, the scarcities
that kindled the spark of the adventure;
ahead of them they dream of the promise of a future
crowned with the cornucopia of abundance.

They cross long days that open fatal breaches in their flanks,
leave the mountains sown
beneath an invisible furrow of crosses and Our Fathers;
bless the morning that receives them
with a new breath of resolve.
They navigate with sight, with spirit,
with the atavistic promise of their ancestors,
who before them made this same journey
and conquered these valleys and these hills.

They run ahead of a pack of dogs
that pant clouds of sulfur behind their waists
and dust-whipped heels,
they mask the sharp odor of sex
with the scent of fish and seaweed
that bless their legs from the river's depths.

Diminished in arms and in bulk,
they finally pass
through orchards of apples and patches of berries,
recognize the future Patrón's house beside a stable,
and ask God for a new loan
to sublet their arms
and their hearts.

They open quarries, furrows, valleys of asphalt
that multiply into vast metropolises;
each morning they make the bowl of oats smile on the table
and the silhouette of the new house at the hill's end;
they sink their hands into the machinery
that keeps the city's heart
beating at precise intervals,
while they dream of the promise of a future
crowned with the cornucopia of abundance ...

In the blurred pupil of Mateo the Egyptian,
the annals of his race were projected
like a strip of film,

set in motion
in a weightless space.

Beside the guard post, the immigration officer
made the reddened ember of his cigarette
flare once more.

PAN DE PARIS

I.

There, Hours passed lighter—or more dense—
I cannot say. Excess was the law.
Each book we read collapsed steeped in flaws,
a house of cards imploding from pretense.

The Hilton stood—a name you hardly knew—
a zone you skirted, never dared to cross.
Across the bay, half-sunken, lying low,
a prow in stillness rocked the water blue.

At last, cross through the glass. Enter the night.
Pass through the pane and do not feel afraid.
Outside, the open wasteland calls your name.

Yet let a fingertip, in hush, subdue
and bring upon you, like a stone, the weight
of night laid bare, the raw night's open wake.

II.

You liked your sweets, your pastries, and those things
so thick with cream; you always loved to sail
the charted coasts of poems you had read,
and words like «reed» and «mirabel» and «springs»

that stirred the air with scents of something new,
abridging waiting's psalm to make it brief.
You loved the French as if it were, in truth,
a second homeland language drew you to.

And at each corner where you found a stay,
a verse, a song fulfilled the passing hour
within the annals of your pilgrim ways:

guitar's soft strum beside the lighthouse bay,
impossible tunes up Quebrada's Tower:
final desertions of the dying day.

The Discourse of the Tree, v
(Ginkgo Biloba)

The leaves of the ginkgo fall over the morning, turning what would otherwise have been a frozen walk along the sidewalks of Boston Common into a golden smile that smudges autumn. Bostonians, at this hour, take their dogs out to stir the park's leaves, lifting them into spirals and eddies around tourists who wander absentmindedly along the paths.

Strokes of yellow, violet, and purple—burning against the washed-out gray that blurs all contours—excite the senses and warm the skin of those who pass.

At a bend, where a frozen pond crystallizes the skin of several fish, you stop to button your coat more tightly. You know this morning was made for you to walk through it, and that the most extraordinary adventures lie scarcely half a step beyond your boots. If only you knew how to ruffle your vanity, just slightly, and learn to look in the right direction... There are fairs of music and color constantly passing behind every door. Senators—whether on the sidewalks of Boston or in a public bath in Rome—who know how to set images ablaze so that, in their traffic, you might feel, somehow, vindicated.

At last, you take a step and confirm that your perspective has indeed changed—though there is still no sign of the eternally promised festival. And so all that remains to me, as a petty release—yes, I admit it—is to think of you, reader, who have never held, fading between your fingers, a ginkgo leaf.

CRUCES, IV

There it is
at the end of the slope
that makes the pistons of buses contract
in an asthmatic spasm,
forever face-down beneath the night;

dazzled by its own luminous crackle
of white and red lights,
blue and fluorescent lights,
with the smell of rubber and cotton,
of popcorn
    and melted plastic.

Suspended,
spread-eagled beneath immensity,
forever open to the promise
of an arrival.

You, several miles away, hesitate
before lining up your wheels with the avenues that lead
    downtown,
safe from the mirages and hallucinations
your day in the desert has sown in your spirit.

Safe...?

The garage lifts its zipper and swallows you
into *a final bastion of golden resistance against the night.*
In the house next door your neighbor tilts the blinds closed
before restarting another game of solitaire.

Unfinished Journal of the Great Drought
(Fragment 57: A Taíno God)

§§§§§§§
Toward six o'clock the sprinklers were turned on. And the earth celebrated with great jubilation the arrival of that mythical Antillean god—a deity with a single foot and a single eye—whose arms dispensed the juices and substances creatures required in order to carry on with their labors.

§§§
One-legged, he rises over the baleful expanses of the region to scatter the promise of rebirth. Tracing sigmas with his arms; or through blinks of water, letting fluids run off that, microseconds later, descend along the antennae of insects.

§§§§§§§
They hurricane with ravenous fury the margins eroded by thirst. They smoke the skin with splashes that adorn, like beads on a necklace, the hairs of the torso. They swaddle dryness with their groping march through the byways of penumbra. At the end of a cycle they withdraw like an inverted spiral, or like a pupil that contracts as the flashlight is pulled away from the horizon of sight.

§

One-legged, ravenous. With regular pulsations he tyrannizes the dominions of fire. He allows beasts to drink beneath the shade of cypresses crowned by light. With liquid beads he blesses velvet, as an indispensable luxury even here, where life is deprived of the superficial and the adjectival. Drop by drop he creates the puddles and floods that will help them greet the new day.

§§§§§

Joyful vortex of salvation. Engineering made more of piety than of ingenuity. They extract the juices from the center of the earth and dispense them over the heads of laborers. They emulate dew while it hibernates in the rivers of the celestial season.

§§§

One-legged, ravenous. He yields himself to his own inertia, to the spiral motion that marks the universal principles of dance. Arms of water that lift joy and mercy. Splattering signs of plenitude upon the stones. Refreshing tedium and habit, where things habitually withdraw. Emitting pulsations, fluids, tracing sigmas.

§§§§§§§§§§§§§§§§§§§§§§§§§

The Discourse of the Tree (Coda)

And you have finally washed up here
—set like pebbles against the flanks of your neighbor—
after travelling through the gorge of rock that stretches
across the slopes and valleys of the American Southwest.

On a bucolic, musical hike,
off-key like a narcocorrido,
you have borne witness
to days in the city
and nights along the highway,
to valleys you never visited
and to dream-abysses that open
behind the vacancy of the gaze.

Struggling with rhetoric and with the fire
of the fleeting event,
you have washed up here
—set like a pebble against the flanks of the world—
ready to settle accounts for the loans
and leases granted to you
by those who came before,
the eternal mortgage you will never finish paying,
burning in your flesh like an original sin
or a tattoo whose lines
warp with time.

You have washed up here and now you know
that a walnut tree in New Mexico
and an almond tree in havana
breathe the same murmur beneath their boughs
—the throat-clearing sound of the night breeze—
the same scent of (non)-belonging
whistled from the vegetal bark of the world.

From the curvature of wildcats
with claws firmly fastened to their mineral station
unflattering news reaches you,
speaking of your banishment
to the final sidereal frontier of the world.
Here it matters little that you invent artifices,
that you take out second mortgages
or spread the myth of a Great Drought.

It matters little that you say:
when I arrived here I did what was asked of me:
I built an oven with my hands,
shaped in clay a cradle for ashes and fire,
kneaded at the summit a clearing for two pots.
I made lunches, breakfasts, various meals.
I breathed ashes scattered by a small
porcelain Vesuvius
while night grew upward
like a labyrinth of fire.

It matters little that you survived
the fire and the labyrinth.
Night will return to remind you
what you did not conquer,

and the trees will rest their branches
to shame you with their silence.

A walnut tree in New Mexico.
An almond tree in Havana.
—the throat-clearing sound of the night breeze—
a branch pushing in
through the window where your mother
sits to rest
—*distracted by the emulsions of lavender*—
after laying your bundle of bones
down in the cradle.

Las Cruces

On its knees,
like an hourglass made to receive
the grain of blessing
measured and slow
that its Lord provides,

the desert spreads
over the crust of the Earth.

At its center stands
the City,
perpetually defying the Heavens.

Along the margins
you stand,
distracted,
transiting between the two.

From that irregular commerce
—not traded on any exchange
nor indexed
in any macroeconomic ledger—
there arise, almost by everyday magic,
new deserts,

new spheres,
and new cities…

but more interesting still
is to watch new versions of yourself emerge…

To catalogue them under a magnifying glass
is a task you sometimes take up
with the curiosity of an entomologist
or the fervor of a bureaucrat
slightly moved among his files.

Your friends sometimes call
to demand reports on your health
and updates on your most unknown coordinates.

You lie
while pretending to know the truth…

You stroke the doorknob,
let the phone fall among a heap of things,
open the fridge,
or rummage through drawers
in search of something you think
you've lost…

In the distance, behind a steering wheel,
your eyes watch you through half-closed blinds

moving objects,
and billing desires...

On the other side of reality,
you feel the breeze enter through the car window
as you lower it discreetly...

After a while,
—years, centuries, seconds?—
you return the papers to the glove compartment
and sigh, unhurried,

before losing yourself
toward another expanse
you do not yet know.

Havana, 1995 | Las Cruces, 2004 |
Tucson, 2008 | Atlanta 2025

Catálogo Bokeh

ABREU, Juan (2017): *El pájaro*. Leiden: Bokeh.
AGUILERA, Carlos A. (2016): *Asia Menor*. Leiden: Bokeh.
— (2017): *Teoría del alma china*. Leiden: Bokeh.
AGUILERA, Carlos A. & MOREJÓN ARNAIZ, Idalia (eds.) (2017): *Escenas del yo flotante. Cuba: escrituras autobiográficas*. Leiden: Bokeh.
ALABAU, Magali (2017): *Ir y venir. Poesía reunida 1986-2016*. Leiden: Bokeh.
— (2019): *Mordazas*. Leiden: Bokeh.
ALCIDES, Rafael (2016): *Nadie*. Leiden: Bokeh.
ANDRADE, Orlando (2015): *La diáspora (2984)*. Leiden: Bokeh.
ARMAND, Octavio (2016): *Concierto para delinquir*. Leiden: Bokeh.
— (2016): *Horizontes de juguete*. Leiden: Bokeh.
— (2016): *origami*. Leiden: Bokeh.
AROCHE, Rito Ramón (2016): *Límites de alcanía*. Leiden: Bokeh.
ATENCIO, Caridad (2018): *Desplazamiento al margen*. Leiden: Bokeh.
ÁVILA VILLAMAR, Carlos (2025): *Nueve ficciones*. Gainesville: Bokeh.
— (2025): *Las noches boreales*. Gainesville: Bokeh.
BARQUET, Jesús J. (2018): *Aguja de diversos*. Leiden: Bokeh.
BLANCO, María Elena (2016): *Botín. Antología personal 1986-2016*. Leiden: Bokeh.
BLAVI, Camila (2025): *Puna*. Gainesville: Bokeh.
CABALLERO, Atilio (2016): *Rosso lombardo*. Leiden: Bokeh.
— (2018): *Luz de gas*. Leiden: Bokeh.
CALDERÓN, Damaris (2017): *Entresijo*. Leiden: Bokeh.
CASTAÑOS, Diana (2019): *Yo sé por qué bala la oveja mansa*. Leiden: Bokeh.
— (2019): *The Price of Being Young*. Leiden: Bokeh.
CATAÑO, José Carlos (2019): *El cónsul del Mar del Norte*. Leiden: Bokeh.

Cino, Luis (2022): *Volver a hablar con Nelson*. Leiden: Bokeh.
Cleger, Osvaldo (2026): *Yuma*. Gainesville: Bokeh.
Conte, Rafael & Capmany, José M. (2019): *Guerra de razas. Negros contra blancos en Cuba*. Leiden: Bokeh | colección Mal de archivo.
Díaz de Villegas, Néstor (2015): *Buscar la lengua. Poesía reunida 1975-2015*. Leiden: Bokeh.
— (2015): *Cubano, demasiado cubano. Escritos de transvaloración cultural*. Leiden: Bokeh.
— (2017): *Sabbat Gigante. Libro primero: Hojas de Rábano*. Leiden: Bokeh.
— (2018): *Sabbat Gigante. Libro segundo: Saigón*. Leiden: Bokeh.
Espinosa, Lizette (2019): *Humo*. Leiden: Bokeh.
Fernández, María Cristina (2025): *En el nombre de la rusa*. Gainesville: Bokeh.
Fernández Larrea, Abel (2015): *Buenos días, Sarajevo*. Leiden: Bokeh.
— (2015): *El fin de la inocencia*. Leiden: Bokeh.
Ferrer, Jorge (2016): *Minimal Bildung. Veintinueve escenas para una novela sobre la inercia y el olvido*. Leiden: Bokeh.
Galindo, Moisés (2019). *Catarsis*. Leiden: Bokeh.
Garbatzky, Irina (2016): *Casa en el agua*. Leiden: Bokeh.
García, Gelsys (2016): *La Revolución y sus perros*. Leiden: Bokeh.
García, Gelsys (ed.) (2017): *Anuncia Freud a María. Cartografía bíblica del teatro cubano*. Leiden: Bokeh.
García Obregón, Omar (2018): *Fronteras: ¿el azar infinito?* Leiden: Bokeh.
— (2025): *66 décimas para cuerdas migratorias*. Gainesville: Bokeh.
Garrandés, Alberto (2015): *Las nubes en el agua*. Leiden: Bokeh.
Ginoris, Gino (2018): *Yale*. Leiden. Bokeh.
Gómez Castellano, Irene (2015): *Natación*. Leiden: Bokeh.
Guerra, Germán (2017): *Nadie ante el espejo*. Leiden: Bokeh.
Gutiérrez Coto, Amauri (2017): *A las puertas de Esmirna*. Leiden: Bokeh.

Hernández Busto, Ernesto (2016): *La sombra en el espejo. Versiones japonesas*. Leiden: Bokeh.
— (2016): *Muda*. Leiden: Bokeh.
— (2017): *Inventario de saldos. Ensayos cubanos*. Leiden: Bokeh.
Herrera, Alcides (2022): *Canciones iguales*. Leiden: Bokeh.
Herrera, José María (2025): *La musa política*. Gainesville: Bokeh.
Hondal, Ramón (2019): *Scratch*. Leiden: Bokeh.
— (2020): *La caja*. Leiden: Bokeh
Hurtado, Orestes (2016): *El placer y el sereno*. Leiden: Bokeh.
Inguanzo, Rosie (2018): *La Habana sentimental*. Leiden: Bokeh.
Jesús, Pedro de (2017): *La vida apenas*. Leiden: Bokeh.
Lage, Jorge Enrique (2015): *Vultureffect*. Leiden: Bokeh.
Lamar Schweyer, Alberto (2018): *Ensayos sobre poética y política. Edición y prólogo de Gerardo Muñoz*. Leiden: Bokeh | colección Mal de archivo.
Lukić, Neva (2018): *Endless Endings*. Leiden: Bokeh.
Marqués de Armas, Pedro (2015): *Óbitos*. Leiden: Bokeh.
Miranda, Michael H. (2017): *Asilo en Brazos Valley*. Leiden: Bokeh.
— (2026): *Deserta*. Gainesville: Bokeh.
Morales, Osdany (2015): *El pasado es un pueblo solitario*. Leiden: Bokeh.
— (2018): *Zozobra*. Leiden: Bokeh.
— (2023): *Lengua materna*. Leiden: Bokeh.
Padilla, Damián (2016): *Phana*. Leiden: Bokeh.
Pereira, Manuel (2015): *Insolación*. Leiden: Bokeh.
Pérez, César (2024): *La capital del sol. Tragicomedia en tres actos*. Leiden: Bokeh.
Pérez Cino, Waldo (2015): *Aledaños de partida*. Leiden: Bokeh.
— (2015): *El amolador*. Leiden: Bokeh.
— (2015): *La isla y la tribu*. Leiden: Bokeh.
— (2026): *Franja de agüero*. Leiden: Bokeh.
Ponte, Antonio José (2017): *Cuentos de todas partes del Imperio*. Leiden: Bokeh.
— (2018): *Contrabando de sombras*. Leiden: Bokeh.

Portela, Ena Lucía (2016): *El pájaro: pincel y tinta china*. Leiden: Bokeh.
— (2016): *La sombra del caminante*. Leiden: Bokeh.
— (2020): *Cien botellas en una pared*. Leiden: Bokeh.
Quintero Herencia, Juan Carlos (2016): *El cuerpo del milagro*. Leiden: Bokeh.
Ribalta, Aleisa (2018): *Talús / Talud*. Leiden: Bokeh.
Rodríguez, Reina María (2016): *El piano*. Leiden: Bokeh.
— (2018): *Poemas de navidad*. Leiden: Bokeh.
Saab, Jorge (2019): *La zorra y el tiempo*. Leiden: Bokeh.
Salcedo Maspons, Jorge (2025): *Memoria de eso*. Gainesville: Bokeh.
Sánchez Mejías, Rolando (2016): *Mecánica celeste. Cálculo de lindes 1986-2015*. Leiden: Bokeh.
Saunders, Rogelio (2016): *Crónica del decimotercero*. Leiden: Bokeh.
Starke, Úrsula (2016): *Prótesis. Escrituras 2007-2015*. Leiden: Bokeh.
Timmer, Nanne (2018): *Logopedia*. Leiden: Bokeh.
Valdés Zamora, Armando (2017): *La siesta de los dioses*. Leiden: Bokeh.
Valencia, Marelys (2021): *Peregrinaje en tres lapsos | Pilgrimage in Three Lapses*. Leiden: Bokeh.
— (2023): *Santuario de narcisos en ayunas | Sanctuary of Fasting Daffodils*. Traducción de Peter Nadler. Leiden: Bokeh.
Vega Serova, Anna Lidia (2018): *Anima fatua*. Leiden: Bokeh.
Villaverde, Fernando (2016): *La irresistible caída del muro de Berlín*. Leiden: Bokeh.
— (2016): *Los labios pintados de Diderot*. Leiden: Bokeh.
Williams, Ramón (2019): *A dónde*. Leiden: Bokeh.
Wittner, Laura (2016): *Jueves, noche. Antología personal 1996-2016*. Leiden: Bokeh.
Zequeira, Rafael (2017): *El winchester de Durero*. Leiden: Bokeh.
— (2020): *El palmar de los locos*. Leiden: Bokeh.

www.ingramcontent.com/pod-product-compliance
Lightning Source LLC
Chambersburg PA
CBHW021156160426
43194CB00007B/759